SV

Band 1098 der Bibliothek Suhrkamp

Hans Mayer

Frisch und Dürrenmatt

Suhrkamp Verlag

1977 ist im Verlag Günther Neske, Pfullingen, der Band
Über Friedrich Dürrenmatt und Max Frisch erschienen.
Er wird in erweiterter und veränderter Gestalt neu vorgelegt.

Erste Auflage 1992

Druck: Nomos Verlagsgesellschaft, Baden-Baden
Printed in Germany

INHALT

FRIEDRICH DÜRRENMATT

MAX FRISCH

BEIM ANBLICK DER DIOSKUREN

Als Doppeldenkmal sollte man sie nicht modellieren: Friedrich Dürrenmatt und Max Frisch. Das Ritual, verehrungswürdige Künstler und Schriftsteller nicht einzeln zu feiern, sondern gleichsam als Dioskuren, die zusammengehören und also mehr als doppelten Besitz bedeuten, da das Ganze mehr ist als die Summe seiner Teile, entstand im deutschen 19. Jahrhundert. Als man auch die Bildung als Besitz zu Buche schlug. Goethe und Schiller als Modell zuerst der Kulturhistoriker, später als Doppeldenkmal vor dem Nationaltheater in Weimar. Dann war kein Halten mehr: Grabbe und Büchner; Hebbel und Otto Ludwig; es fehlte nicht die – unsinnige – Variante mit der Droste und der Ebner-Eschenbach. Bismarck und Moltke natürlich. Die beiden Schweizer Gottfried Keller und C.F. Meyer. Was man planmäßig zu Paaren trieb, hatte als Gemeinsamkeit meist nur den Ruhm aufzuweisen, oder was man dafür hielt. Und Äußerlichkeiten der Herkunft, der Zeitgenossenschaft, der Arbeitsgattung. Das mochte genügen. Die tiefen Divergenzen zwischen den durch Ruhm miteinander Verknüpften durfte man getrost vergessen.

Das Besitzdenken im Bereich der Kunst- wie der Literaturgeschichte hat überdauert: zusammen mit der Gesellschaft, die sich darin ausdrückte. In den zwanziger Jahren witzelte man über die – bewußt sich stilisierenden – Dioskuren Bertolt Brecht und Arnolt Bronnen. Karl Kraus sprach von den »Fasolten« der neuen Literatur. Vor einigen Jahren kam bei den Germanisten die Formel »Musil und Broch« auf. Man verkoppelte zwei Autoren, die nur ihre österreichische Herkunft miteinander verband, und das Schreiben von Ro-

manen eines Grenzbereichs zwischen Fiktion und wissenschaftlicher Dokumentation.
Schließlich gab es, seit den frühen fünfziger Jahren, plötzlich »die beiden Schweizer«: Friedrich Dürrenmatt und Max Frisch. Deren Zusammengehörigkeit schien sich aufzudrängen. Zwar war Frisch bereits 1911 geboren, zehn Jahre mithin älter als Dürrenmatt vom Jahrgang 1921. Auch die Gemeinsamkeit eines »Schweizertums« konnte nur ein Außenstehender postulieren, der nichts ahnte von den tiefen Divergenzen der Tradition, Menschenbetrachtung, nicht zuletzt des Sprechens, zwischen dem Zürcher Stadtbürger Frisch und dem Pfarrerssohn Dürrenmatt aus Konolfingen im Kanton Bern.
Allein da war Freundschaft in den Anfängen. Der bereits erfolgreiche Dramatiker Frisch trat ein für Dürrenmatts erstes Stück »Es steht geschrieben«; die Zürcher Uraufführung läuft zwar als memorabler Theaterskandal ab, doch Dürrenmatt ist nunmehr als Stückeschreiber in den Notizbüchern der Direktoren, Dramaturgen und Rezensenten vorhanden. Er selbst, Friedrich Dürrenmatt, entwirft um 1954 eine großangelegte Kritik des Romans »Stiller« von Frisch, gibt aber den Plan auf und veröffentlicht erst zwölf Jahre später (1966) das »Fragment einer Kritik« in einer Sammlung seiner essayistischen und dramaturgischen Texte. Gemeinsamkeit der Sympathien und (vor allem) Antipathien immer wieder, wenn Frisch und Dürrenmatt gemeinsam in der Öffentlichkeit zu Ereignissen und Personen ihre Stellung beziehen. Allein das Trennende überwiegt immer stärker.
Sie sind nämlich Dioskuren in der Tat. Nicht als Angehörige derselben Generation, auch nicht als Zugehörige zu einer Künstlergruppe gleich den Romantikern, Jungdeut-

schen, Naturalisten oder Expressionisten von einst. Sogar der Gruppe 47 blieben beide, wohl aus sehr unterschiedlichen Erwägungen, ausdrücklich fern.
Sie sind Antagonisten, und folglich miteinander dialektisch verknüpft, durch tief divergierende Auffassungen von der Substanz und der Funktion ihres Arbeitens. Durch gegensätzliche Vorstellungen vom Schreiben als einer Daseinserfüllung. Das allein brauchte noch nicht die merkwürdig antagonistische Affinität zwischen Frisch und Dürrenmatt zu begründen, denn Ernst Jüngers Vorstellungen von Literatur müssen auf Frisch ebenso fremd und befremdend wirken wie die literarischen Methoden eines Günter Grass auf Dürrenmatt. Allein zwischen dem Berner und dem Zürcher gibt es Besonderheiten einer fernen Nähe. Ihre Gegensätze sind bereits in einer spezifisch schweizerischen Überlieferung geschichtlich vorgebildet. Die Dioskuren wissen das sehr wohl.
So unergiebig nämlich die übliche Konfrontierung Gottfried Kellers mit Conrad Ferdinand Meyer bleiben muß, da beide, als Erzähler jedenfalls, durchaus verschiedenen Rang besitzen, so stellvertretend war zu ihrer Zeit, und blieb bis heute, der Gegensatz zwischen *Jeremias Gotthelf und Gottfried Keller*. Er kehrt wieder im Dualismus von Dürrenmatt und Frisch. Das ist nicht als Rangfrage zu verstehen, sondern als prinzipieller Unterschied im Bewältigen der Erfahrungen durch einen schweizerischen Schriftsteller, wobei die Gegensätze zwischen den Kantonen Zürich und Bern und ihren Bewohnern, aus guten historischen Gründen, die extrem möglichen Positionen darstellen.
Gottfried Keller hat das gewußt. Die vier großen Aufsätze über (oder gegen) den Pfarrer Albert Bitzius in Lützelflüh im Emmental, der unter dem Namen Jeremias Gotthelf

seine Bücher publizierte, erörtern alle Möglichkeiten eines Antagonismus in Politik und Literatur, im Verhältnis von Mythos und Auflärung; nicht zuletzt in der Grundfrage nach der Rolle und Aufgabe des schriftstellerischen Subjekts gegenüber der Objektivität der Außenwelt. Gotthelf schien als – großartiger – Erzähler die eigene Subjektivität zu ignorieren. Er empfand sich nicht als Individualität, sondern als Sprachrohr des göttlichen Geistes im Kampf mit dem verhaßten liberal-demokratischen »Zeitgeist«, wobei der göttliche Geist ganz naiverweise gleichgesetzt wurde dem »Berner Geist« eines patrizisch-großbäuerlichen Herrschaftsdenkens. Schreiben war Predigen für Bitzius. Die Person des Pfarrers konnte man übersehen. So war die Doktrin. Ernst Bloch hat Gotthelf sowohl kritisiert als auch bewundert. Das Gotthelfsche, so Bloch, sei uns »hinterlassen als gewaltiges altes Ornat ... es wird einmal ... still und bedeutend im menschlichen Glückstempel hängen, in dem wirklich erlangter Naturfreundschaft«.

Der Demokrat und Aufklärer Keller, der Schüler Ludwig Feuerbachs und Freund des Junghegelianers Hettner, hat Gotthelf überall bekämpfen müssen: als Aufklärer den protestantischen Pfarrer; als Schriftsteller der bewußten Subjektivität das Spielen Gotthelfs mit einem scheinbar objektiven Geist der Literatur; als bürgerlicher Romancier den epischen Rhapsoden. Dennoch gesteht der schöne Nachruf Kellers auf den Gegenspieler (1855), indem er Gotthelfs scheinbar so demütige, in Wahrheit hybride These vom göttlichen Sprachrohr widerlegt: »Aber er war nur darum ein guter Volksschriftsteller, weil er ein guter, von innen heraus produktiver Dichter war.«

Daß *Max Frisch* in seinem züricherischen Landsmann Keller ein Modell auch des eigenen Schreibens erblickt, hat er stets unterstrichen. Es klingt wie Anruf in eigener Sache, und heute!, wenn Frisch eine Rezension des Buches von Adolf Muschg über Gottfried Keller (1977) in folgender Beschwörung gipfeln läßt: »Die ihn zum National-Kopf auf Banknoten und Briefmarken gemacht haben, müßten nur lesen können, um zu sehen, daß Gottfried Keller nicht ihr Wortführer ist – ein Demokrat, ja, und ein Patriot, der sich die Menschheit durchaus ohne sein Vaterland vorstellen kann, wenn dieses in der Geschichte versagt ...«

Alle Literatur von Frisch ist ein Mittel der Selbstfindung und der Einübung im menschlich-bürgerlichen Miteinander: nicht unähnlich darin den Lebensläufen bei Keller: Heinrich Lee, Frau Regel Amrain, Martin Salander. Andererseits weiß jeder Leser von Frischs »Tagebüchern«, daß er hier nicht Enthüllungen finden wird, sondern Erfahrungen eines Schriftstellers mit sich als einem Zeitgenossen.

Friedrich Dürrenmatt ist Berner und Pfarrerssohn, wie Bitzius-Gotthelf. Dennoch könnte man rasch alle weitere Gemeinschaft zwischen ihnen abstreiten. Der patriarchalische und heimattreue Gotthelf, und Dürrenmatts grausames Zeichenbuch »Die Heimat im Plakat. Ein Buch für Schweizer Kinder« (1963), wo Sadisten, Kretins und Opfer des Chemiegeschäfts auf jeder Seite paradieren: das paßt nicht zusammen. Erst recht nicht Gotthelfs Gottvertrauen zu dem gnostischen und damit natürlich ketzerischen Denken Dürrenmatts, die Welt als einen göttlichen Betriebsunfall darzustellen. Die Weltschöpfung gleichsam als ein Erzeugnis menschlichen, natürlich: göttlichen Versagens. Das Bilderbuch für die schweizerischen Kinder, auch die eigenen Dürrenmatts natürlich, zeichnet zweimal eine Atomzerstörung der Erde. Einmal mit der Unterschrift: »Jetzt ein Physikbuch«, das andere Mal »Jetzt die Bibel«. Wo soll hier

Nähe zu finden sein zu den ergreifenden Pfingstgedanken in Gotthelfs Roman »Geld und Geist«?

Beide denken in Weltmodellen: Gotthelf und Dürrenmatt. Der Glaubenszuversicht des Pfarrers Bitzius stellt Dürrenmatt, der genaue Kenner einer dialektischen Theologie, nicht bloß die theologische Unruhe und Unzuversicht entgegen, sondern, vor allem in den Stücken und Essays seit dem »Meteor«, die manichäische Antithese von Licht und Finsternis. Aber die Welt dieses Gnostikers ist zu verstehen als Finsternis.

Das wird nun immer von neuem geschildert: als Gegenwelt zu Gotthelf. Allein so wie Gotthelf über seinem konservativen Vertrauen nicht zum Quietisten oder zum Heuchler wurde (das gerade hat Keller stets dankbar anerkannt), so scheint Dürrenmatt unablässig bemüht, das von ihm entworfene Weltmodell, wo alles den Weg zum Schlimmsten nimmt, aufhalten und verändern zu wollen.

Dabei ereignet sich noch etwas anderes. Der Schöpfer einer Literatur, die stets von dem Individuum F.D. abzusehen gedachte und wenig zu halten schien von aller Literatur der Selbstfindung, entdeckt am Ende auch die stellvertretende Bedeutung der eigenen Person und damit: des Subjekt-Objekt-Nexus. In dem Buch »Der Mitmacher«, das Erfahrungen mit einer mißglückten Komödie analysiert, stehen plötzlich solche Sätze: »Die Gestalten, mit denen ich mich beschäftige, von der Wildheit her bestimmt, kehren hier wieder. Sie sind meine Träume, in denen immer wieder ein Motiv auftaucht, unerbittlich, ein einziges bloß: die Möglichkeit, an die ich glaube, an die ich mich anklammere, die Möglichkeit, ganz ein Einzelner zu werden, die Möglichkeit der Freiheit.«

Der eine dieser Dioskuren ist jetzt 66 Jahre alt, der andere

56. Beide sehr bekannt als Schriftsteller in der ganzen Welt. An Interpretationen und Gegendeutungen fehlt es nicht. Beide arbeiten weiter, haben noch manchen Plan, den sie ausführen möchten. Ausgewogen, wie der schöne Ausdruck lautet, sind beide nicht: wie wäre in solchem Fall ein ausgewogenes Urteil über sie möglich?

Hier werden kritische Texte von neuem vorgelegt, die den Weg zweier Schriftsteller begleitet haben, und die selbst dadurch einen Weg zurücklegen mußten. Das von Immanuel Kant postulierte »interesselose Wohlgefallen« war undenkbar, denn hier urteilte ein Zeitgenosse über Genossen seiner eigenen Zeit, damit auch über sich selbst.

Friedrich Dürrenmatt

BRECHT UND DÜRRENMATT ODER DIE ZURÜCKNAHME

»Es gibt für uns Physiker nur noch die Kapitulation vor der Wirklichkeit. Sie ist uns nicht gewachsen. Sie geht an uns zugrunde. Wir müssen unser Wissen zurücknehmen, und ich habe es zurückgenommen. Es gibt keine andere Lösung, auch für euch nicht.«

Johann Wilhelm Möbius in der Komödie »Die Physiker«

Möbius spricht den Satz in der großen Szene des zweiten Aktes, als die drei Physiker unter sich zu sein glauben. Die Masken Newtons, Einsteins, des armen Königs Salomo hat man beiseite gelegt: dies ist ein Gespräch unter geistig gesunden Männern der Wissenschaft. Zwei Leute feindlicher Geheimdienste und das physikalische Genie Möbius, das sie einander streitig zu machen suchen, denn der deutsche Physiker ist, wie Newton-Kilton sagt, »ein Genie und als solches Allgemeingut«. Möbius aber spricht von »Zurücknahme«. Diesmal ist es ein Mann der Wissenschaft, der »zurücknimmt«, aber man kennt dies Wort und diesen Begriff der Zurücknahme in der deutschen Literatur der zweiten Nachkriegszeit. Zuerst hatte ein Künstler davon gesprochen, eine Romangestalt, die gleichfalls, nach dem Willen ihres Verfassers, wenngleich in anderer Weise als Möbius und seine beiden Kollegen, im Grenzbereich zwischen Hellsicht und Wahnwitz zu leben hatte. Als sein Patenkind, der kleine Fridolin, so früh und schrecklich sterben muß, sagt der deutsche Tonsetzer Adrian Leverkühn zu seinem Freund: »Um was die Menschen gekämpft, wofür sie Zwingburgen gestürmt, und was die Erfüllten jubelnd angekündigt haben, das soll nicht sein. Es wird zurückgenommen. Ich will es zurücknehmen.« Der Freund, Serenus Zeitblom, versteht immer noch nicht und will genauer wissen, was denn zurückgenommen werden solle. – »Die Neunte Symphonie, erwiderte er. Und dann kam nichts mehr, wie ich auch wartete.«

Eine berühmte Stelle der neueren Literatur. Durchaus möglich, daß Friedrich Dürrenmatt bei seinem Hang zu Parodie und geheimen literarischen Zitaten mit den Worten des Johann Wilhelm Möbius auch eine geistige Konstellation der modernen Literatur bestimmen wollte. Zurücknahme der Neunten Symphonie, also des Kunstschaffens aus klassischer Humanität, durch den deutschen Tonsetzer Adrian Leverkühn, der mit seinen vor der Umnachtung geschaffenen apokalyptischen Oratorien gleichsam eine Neunte Symphonie der Inhumanität zu intonieren gedachte. Zurücknahme des bürgerlichen Wissenschaftsideals durch Möbius, der nun keineswegs mehr die Thesen Max Webers über »Wissenschaft als Beruf« und voraussetzungslose Forschung zu befolgen gewillt ist. Hier: die Zurücknahme der bürgerlichen Ästhetik; dort – die Zurücknahme des überlieferten Wissenschaftsideals.

Nun sind es freilich Geschöpfe dichterischer Einbildungskraft, die so reden und handeln: eine Romanfigur bei *Thomas Mann*, eine Komödiengestalt bei Friedrich Dürrenmatt. Dennoch spürt man an diesen entscheidenden Wendepunkten des Romans »Doktor Faustus« und der Komödie »Die Physiker« eine verhältnismäßig große Nähe von Schöpfer und Geschöpf. Es geht beiden um Deutung einer geschichtlichen Situation im Begriff der Zurücknahme. Thomas Mann freilich versteht den Vorgang weitgehend bloß als Symptom. In Leverkühns Handeln erblickt er einen – verzweifelten – Versuch, Auswege zu finden aus dem Zustand eines zu schwer gewordenen, daher stockenden Kunstschaffens. Diagnose ohne alle Billigung. Thomas Mann als Schriftsteller handelt nicht wie der Tonsetzer Adrian Leverkühn.

Vergleicht man dagegen die Thesen des Möbius im Schauspiel mit den einundzwanzig Punkten Dürrenmatts, die als Thesen des Autors dem Komödientext beigegeben wurden, so spürt man ein hohes Maß der Übereinstimmung. Dürrenmatt scheint das Verhalten des Möbius zu billigen. Nicht bloß Diagnose eines Zustandes wie bei Thomas Mann, sondern Anleitung zum Handeln für heutige Physiker. Nicht bloß für Physiker.

Mag sein also, daß das Wort »Zurücknahme« an dieser Stelle des Schauspiels »Die Physiker« mit Parodie und Zitat zu tun hat: als Unterstreichung der Parallelität von Kunstsituation und Wissenschaftslage. Sicherlich jedoch ist die Stelle noch in einem anderen Sinne als »Parallel-Aktion« aufzufassen, oder wohl eher: als Gegenaktion. Noch genauer: als Zurücknahme. Was Möbius und Dürrenmatt hier nämlich treiben, läuft hinaus auf eine Zurücknahme des »Galilei« von Bertolt Brecht.

Wie immer Brecht die Gestalt seines widerrufenden Physikers ursprünglich konzipiert haben mochte: fest steht, daß er die Revokation seines negativen Helden mit den vielen positiven Zügen als Verrat an der Wissenschaft verstanden wissen wollte und als Mahnung an die Physiker des 20. Jahrhunderts. In seiner Selbstanalyse vor dem einstigen Schüler Andrea, die Brecht in Abänderung der ursprünglichen Fassung in die 14. Szene seines Schauspiels einfügte, um mit Hilfe dieses Kunstgriffs das gewünschte Befremden des Publikums über Galileis Verhalten zu provozieren, doziert der

abtrünnig gewordene Wissenschaftler, der sein Wissen, ganz im Sinne von Johann Wilhelm Möbius, zurückgenommen hatte: »Ich halte dafür, daß das einzige Ziel der Wissenschaft darin besteht, die Mühseligkeit der menschlichen Existenz zu erleichtern. Wenn Wissenschaftler, eingeschüchtert durch selbstsüchtige Machthaber, sich damit begnügen, Wissen um des Wissens willen aufzuhäufen, kann die Wissenschaft zum Krüppel gemacht werden, und eure neuen Maschinen mögen nur neue Drangsale bedeuten.« Ein Mann, der diesen Prinzipien widerspreche, der also die Verantwortung für die Folgen seines Forschens ablehne oder gar dies Forschen selbst durch Widerruf zurücknehme, habe in den Reihen der Wissenschaft nichts mehr zu suchen. Die Selbstaussage des Galileo Galilei stimmt mit der Analyse überein, die der Stückeschreiber Brecht aus dem Studium des Falles Galilei gewonnen zu haben glaubte. In der 13. Szene des Schauspiels, die vom Widerruf handelt, sagt Andrea – und scheint damit an dieser Stelle auch die Meinung des Stückeschreibers auszudrücken: »Aber es ist alles verändert heute! Der Mensch hebt den Kopf, der gepeinigte, und sagt: ich kann leben. So viel ist gewonnen, wenn nur einer aufsteht und *nein* sagt!«
Galilei bei Brecht ist zwar ein negativer Held, aber noch ein Held. Sein negatives Handeln soll den Blick freigeben auf die Möglichkeiten positiven Handelns, die Brecht eigentlich nirgendwo in Frage stellt. Der Physiker kann vorbildlich handeln, also soll er es auch. Es ist wichtig, daß er aufsteht und nein sagt. Die Verweigerung eines Widerrufs oder – in der Epoche des Stückeschreibers Brecht – die Weigerung der Physiker, ihre Forschung in den Dienst der Menschheitsvernichtung zu stellen, ist sinnvoll, daher notwendig. Freilich scheint Brecht in seinen letzten Lebensjahren in der

Beurteilung des Falles Galilei, bei Aufrechterhaltung der Grundposition, vorsichtiger geworden zu sein. In Anmerkungen zu seinem Schauspiel, die aus dem Nachlaß veröffentlicht wurden, findet sich am Schluß des theoretischen Epilogs zur amerikanischen Aufführung des *Galilei* (im Sommer 1947) ein Hinweis auf die Situation amerikanischer Physiker, vor allem wohl Robert Oppenheimers: »Große Physiker verließen fluchtartig den Dienst ihrer kriegerischen Regierung; einer der Namhaftesten nahm eine Lehrstelle an, die ihn zwang, seine Arbeitszeit auf das Lehren der elementarsten Anfangsgründe zu verschwenden, nur um nicht unter dieser Behörde arbeiten zu müssen. Es war schimpflich geworden, etwas zu entdecken.« Hier spürt man bereits die Ansätze zu einem Gedankengang, den Dürrenmatt weiterführen sollte: über Brechts Galilei hinaus und gegen ihn.

Wenn es nämlich schimpflich werden kann, etwas zu entdecken, läßt sich die Forderung der Galileifigur nach humanitärem Dienst der Naturwissenschaftler nicht mehr in der überlieferten Weise erfüllen. Dann ist die Schlußfolgerung des Johann Wilhelm Möbius nicht fern: auf Forschung zu verzichten, weil es verderblich wurde, etwas zu entdecken. Dann wurde die These der Dürrenmattfigur sogar von Brecht her bereits denkbar, »daß es heute die Pflicht eines Genies ist, verkannt zu bleiben«. Als Forderung an alle Physiker gerichtet: »Entweder bleiben wir im Irrenhaus oder die Welt wird eines. Entweder löschen wir uns im Gedächtnis der Menschen aus oder die Menschheit erlischt.« Man sieht: Brechts hintergründiges Schauspiel, das dem Stückeschreiber selbst aus den Händen glitt und das er immer wieder einzufangen bemüht war, läßt sowohl die Entwicklung auf positiv heldenhaftes Handeln zu, inspiriert durch den Anblick des negativ handelnden Galilei (hier arbeitet Brecht mit ähnlichen Mitteln wie bei der negativ handelnden Gestalt der Mutter Courage), als auch die erst von Dürrenmatt zu Ende gedachte Möglichkeit, daß die Physiker in der heutigen Welt und Gesellschaft nicht mehr zu Helden irgendwelcher Art taugen, weder negativ noch positiv.

Auch das steht übrigens im »Leben des Galilei« und gehört zu den bemerkenswerten Widersprüchen dieser dramatischen Schöpfung. »Unglücklich das Land, das keine Helden hat!« In Wut und Verzweiflung über den Widerruf seines Lehrers ruft es Andrea. Galilei antwortet: »Nein. Unglücklich das Land, das Helden nötig hat.« Der Satz stammt noch aus der ersten Konzeption des Schauspiels, die den Widerruf als insgeheim zu billigenden Kompromiß verstanden hatte, weiterarbeiten zu können. Der Satz gehörte zu den Texten in der Sklavensprache. In den »Flüchtlingsgesprächen« hatte Ziffel bemerkt: »In einem Land leben, wo es keinen Humor gibt, ist unerträglich, aber noch unerträglicher ist es in einem Lande, wo man Humor braucht.« Hier formulierte der Emigrant Brecht aus den Erfahrungen mit dem Dritten Reich. Unglücklich das Land, wo man Humor braucht, um weiterleben zu können, wo Heldentum gefordert wird, weil sonst das Alltagsleben nicht weitergehen kann. Noch an einer anderen Stelle führt das Denken Bertolt Brechts über die vorgesehenen Dimensionen des Galileistückes hinaus. In Anmerkungen zum Schauspiel, die man im Nachlaß fand, begründete der Verfasser mit wenigen, aber bemerkenswerten Sätzen, warum das Schauspiel »Leben des Galilei«, seinem Aufbau zum Trotz, *keine Tragödie* darstelle. Es beginne mit einer Begrüßung der neuen Zeit durch den großen italienischen Physiker, ende aber mit dessen Absage an eben diese neue Zeit. »Nach den herrschenden Regeln des Stückebaues muß der Schluß eines Stückes schwerer gewogen werden. Aber das Stück ist nicht nach diesen Regeln gebaut.« Das ist ein wichtiger Satz. Brecht wehrt sich ebenso dagegen, von einer Tragödie des Galilei zu sprechen wie von dessen Heldentum. Entscheidend sei die geschichtliche Objektivität im Anbruch einer neuen Zeit. Daß Galilei in dieser Ära versage, spreche nicht gegen das Phänomen dieser neuen Ära. Denkt man aber auch dies zu Ende, so wird jene andere Grundthese Brechts fragwürdig, wonach das vorbildliche Handeln von Männern der Wissenschaft stets geschichtlich notwendig und wissenschaftlich unabdingbar sei. Wenn der Gelehrte vor dem geschichtlichen Augenblick und vor seiner Wissenschaft versagt, wie im Falle Galilei, setzt sich dann die neue Zeit trotzdem durch? Brecht scheint es zu meinen, die Geschichte hat es bestätigt. Daß er im Entwurf eines Vorworts zum »Leben des Galilei« den Widerruf des Mannes aus Pisa für die wachsende Isolierung der Wissenschaft vom Volk verantwortlich macht, bedeutet kein wirkliches Argument. Hier setzte sich der Verdinglichungsprozeß der bürgerlichen Gesellschaft durch und hätte sich durchgesetzt auch ohne Widerruf des Galilei. Selbst aber wenn Brechts Thesen im Zeitalter des Galilei noch berechtigt sein mochten, das immerhin im Zeichen einer Emanzipation des Individuums stand, so bleibt die Frage nach der parabolisch-didaktischen Bedeutung der Brecht-Thesen im 20. Jahrhundert. Brecht glaubt an die Möglichkeit verantwortungsvollen Handelns: nicht bloß im Jahrhundert des Galilei, sondern auch in der Lebenszeit des Bertolt Brecht. Trotzdem sprach er selbst andeutungsweise davon, daß Heldentum einen prekären Begriff darstelle.

Friedrich Dürrenmatt hatte darauf bereits in den »Theaterproblemen« von 1955 geantwortet. »Die Tragödie setzt Schuld, Not, Maß, Übersicht, Verantwortung voraus. In der Wurstelei unseres Jahrhunderts, in diesem Kehraus der weißen Rasse, gibt es keine Schuldigen und auch keine Verantwortlichen mehr. Alle können nichts dafür und haben es nicht gewollt. Es geht wirklich ohne jeden. Alles wird mitgerissen und bleibt in irgendeinem Rechen hängen. Wir sind zu kollektiv schuldig, zu kollektiv gebettet in die Sünden unserer Väter und Vorväter. Wir sind nur noch Kindeskinder. Das ist unser Pech, nicht unsere Schuld: Schuld gibt es nur noch als persönliche Leistung, als religiöse Tat. Uns kommt nur noch die Komödie bei.« Hier findet sich bereits der geistige Ansatzpunkt für das Schauspiel »Die Physiker«. Mit einer scheinbaren Einschränkung, die in Wirklichkeit eher eine Spezifizierung bedeutete, hatte der Theoretiker Dürrenmatt noch hinzugefügt: »Doch ist das Tragische immer noch möglich, auch wenn die reine Tragödie nicht mehr möglich ist. Wir können das Tragische aus der Komödie heraus erzielen, hervorbringen als einen schrecklichen Moment, als einen sich öffnenden Abgrund, so sind ja schon viele Tragödien Shakespeares Komödien, aus denen heraus das Tragische aufsteigt.« Angewandt auf das Schauspiel von den Physikern, ergab das beim Theoretiker Dürrenmatt die Punkte 3 und 4 seines Stückkommentars: »Eine Geschichte ist dann zu Ende gedacht, wenn sie ihre schlimmstmögliche Wendung genommen hat«, und: »Die schlimmstmögliche Wendung ist nicht voraussehbar. Sie tritt durch Zufall ein.« An dieser Stelle der soziologischen und dramaturgischen Auseinandersetzung Dürrenmatts mit Brecht wird deutlich, wie der Stückeschreiber Dürrenmatt seine Zurücknahme der Galileikonzeption des Stücke-

schreibers Brecht, die in den Worten von Johann Wilhelm Möbius ausgesprochen worden war, theoretisch zu begründen gedenkt.
Zunächst freilich scheint eine sehr weitgehende Übereinstimmung mit Brecht vorzuliegen. Auch Brecht hat niemals Tragödien im herkömmlichen Sinne geschrieben. Wo er sich einmal – in Abwendung von seiner sonstigen Vorliebe für die römische Welt – mit griechischer Tragik, mit der »Antigone des Sophokles« einließ, war er sorgfältig bemüht, eine Katharsis im aristotelischen Sinne dadurch auszuräumen, daß er das Werk historisierte und zum Gegenstand einer Bearbeitung machte, die sich schon mit ihrem Titel »Die Antigone des Sophokles« als literarisch-dramaturgisches Gesamtzitat vorstellte. Ein Vorspiel mit der Angabe »Berlin. April 1945«. Dann die von Brecht bearbeitete Hölderlinübersetzung der Sophokleischen Tragödie. Dies hier war nicht mehr dramatisches Geschehen, das Mitleid und Schrecken erregen, die Leidenschaften reinigen sollte, sondern distanzierter Vorgang im Sinne von Brechts Bemerkungen über die chinesische Schauspielkunst, die er dergestalt für das deutsche epische Theater fruchtbar zu machen suchte, daß »hauptsächlich die *Historisierung* der darzustellenden Vorgänge« geleistet werden müsse. Brecht bot die bekannte Antigone des berühmten Sophokles im historisierenden Zitat. Ein extremer Fall also der Distanzierung. Was immer es sein mochte: Tragödie war es nicht mehr. Dem entsprach auch Brechts Tendenz, in seinen Schauspielen, wenn irgend möglich, nicht bloß den üblichen Begriff des tragischen Helden zu vermeiden, sondern insbesondere die Tragödienkonvention des *tragischen Todes* eben dieses Helden. In den Schauspielen des Stückeschreibers Brecht kommt es verhältnismäßig selten vor, daß der Bühnentod

für die dramatische Handlung bemüht wird. Im Falle der »Heiligen Johanna der Schlachthöfe« ist er weitgehend als parodistisches Zitat zu verstehen. Die Fahnen der Heilsarmee, die sich über der toten Johanna Darc niedersenken, werden von einer Regieanweisung dirigiert, die Brecht unverhohlen aus der »Jungfrau von Orléans« übernahm. Eigentlich nur in der Sterbeszene der stummen Kattrin in »Mutter Courage« bedient sich Brecht für eine – allerdings bedeutungsvolle – Episode des Bühnensterbens, dem er sonst im allgemeinen aus dem Wege geht.
Von hier aus allerdings wäre, obenhin betrachtet, ein extremer Gegensatz zwischen Brecht und Dürrenmatt zu konstruieren, denn im Unterschied zum Stückeschreiber Brecht pflegt der Dramatiker Dürrenmatt den Theaterboden jeweils mit ganzen Leichenbergen zu füllen. Verzicht aber auf den Schaubühnentod und allzu reichliche, geradezu requisitenmäßige Benutzung des Theatertodes entspringt der gleichen dramaturgischen Grundposition. In seiner bemerkenswerten Analyse des dramatischen Erstlings »Es steht geschrieben« von Friedrich Dürrenmatt hat Beda Allemann festgestellt, bei Dürrenmatt werde »die Tragödie selbst als die Seinsweise des überlieferten abendländischen Theaters von der Parodie bedroht«. Der Tod des Helden sei nicht mehr möglich, »weil das Pathos, mit dem dieser Tod ausgesprochen werden müßte, unglaubhaft klänge«. Allemann glaubte festzustellen, Dürrenmatt habe dadurch aus diesem Dilemma für sich eine Lösung gefunden, daß bei ihm »der tragische Tod abgelöst wird vom Henkertod«. Das Thema des Henker- und Scharfrichtertodes spielt bekanntlich in den Anfängen von Dürrenmatts Werk eine wesentliche Rolle. Die Auseinandersetzung konzentrierte sich später zum berühmten »Nächtlichen Gespräch mit einem verach-

teten Menschen« von 1957 (geschrieben 1951, wie Dürrenmatt ausdrücklich mitteilt). Gespräch also zwischen Henker und Opfer. Der tragische Tod des Freiheitskämpfers mit Abgangsworten eines Marquis Posa oder Mortimer ist nicht mehr möglich. Das Opfer erkennt in diesem nächtlichen Gespräch: »Welche Komödie! Ich kämpfe für die Freiheit und besitze nicht einmal eine Waffe, um den Henker in meiner Wohnung über den Haufen zu schießen.« Der Nexus von Schuld und Sühne nimmt parodistische Züge an. Diesem Prinzip ist Dürrenmatt im Grunde treu geblieben, wenngleich er in den späteren Dramen den Henkertod mehr durch Mord und damit durch Mechanismen des Kriminalromans zu ersetzen strebte. In der Gangsteroper »Frank V.« wird massenhaft gemordet wie nur je in einem Groschenheftchen. Die Wirkung ist die gleiche: keine tragische Erschütterung des Publikums über den, der hier umgebracht wird, eher heitere Entspannung, wenn wieder einmal letal beseitigt wurde. Die drei ermordeten Krankenschwestern in den »Physikern«, sogar die dritte, die nach und in einer Liebesszene erwürgt wird, lösen nach Dürrenmatts Willen bloß Heiterkeit aus, keine aristotelische Reinigung der Leidenschaften. Es ist ganz wie im Detektivroman oder Kriminalfilm, wo keiner daran denkt, sich bei Mitgefühl mit einem der obligaten Ermordeten aufzuhalten, weil es bloß darauf ankommt, den Mörder zu finden und zur Strecke zu bringen. Die Massentöterei des Dramatikers Dürrenmatt entspringt daher ganz ähnlichen Erwägungen wie Brechts Verzicht auf das Requisit des Theatertodes. Um es mit Dürrenmatts Worten zu wiederholen: »Uns kommt nur noch die Komödie bei.« Freilich eine Komödie, die mit Leichen umzugehen weiß. Übrigens waren auch »Troilus und Cressida« bei Shakespeare, wo die edlen Geister im Krieg zugrunde gingen, während Thersites davonkam, oder »Maß für Maß«, wo der Henker umging, für den Stückeschreiber Shakespeare und sein Publikum unzweifelhafte Komödien.

Auch das Brechtthema der *Verfremdung* findet sich schon früh als besondere Abwandlung in den theoretischen Überlegungen Friedrich Dürrenmatts. In ihrer Ausgabe vom 22. Februar 1952 hatte die in Zürich erscheinende Zeitschrift »Die Weltwoche«, deren Theaterkritiker damals Friedrich Dürrenmatt war, einen Aufsatz »Anmerkung zur Komödie« veröffentlicht. Dürrenmatt sprach sich hier bereits, wie drei Jahre später in den »Theaterproblemen«, gegen die Tragödiengattung aus. Ein Tragiker könne auf vorhandene Mythen zurückgreifen, um sie jeweils abzuwandeln. Der Komödiendichter dagegen sei undenkbar ohne wirkliche Einfälle. Zurück zu Aristophanes. »Aktuell wird jedoch Aristophanes erst durch die Frage nach der Distanz. Die Tragödien stellen uns eine Vergangenheit als gegenwärtig vor, überwinden Distanz, um uns zu erschüttern ... Aristophanes geht den umgekehrten Weg. Da sich seine Komödien in der Gegenwart abspielen, schafft er Distanz, und ich glaube, daß dies für eine Komödie wesentlich ist.« Damit aber ist der Dramaturg Dürrenmatt in beträchtliche Nähe zum epischen Theater Brechts geraten, denn gerade Brechts Aufsatz »Die Straßenszene«, von der sich Dürrenmatt drei Jahre später so ausdrücklich abzugrenzen gedachte, geht vom gleichen Gedanken aus: aktuelles Geschehen in distanzierter Form dem Zuschauer vorzutragen.

Auch in den »Theaterproblemen« von 1955 gelingt es Dürrenmatt noch nicht, mit seinen Grundthesen von der Distanzierung und von der Aktualität der Komödie die nötige – Distanz zu Brecht herzustellen. »Die Brechtsche These, die er in seiner Straßenszene entwickelt, die Welt als Unfall hinzustellen und nun zu zeigen, wie es zu diesem Unfall gekommen sei, mag großartiges Theater geben, was ja Brecht bewiesen hat, doch muß das meiste bei der Beweisführung unterschlagen werden: Brecht denkt unerbittlich, weil er an vieles unerbittlich nicht denkt.« Das ist ein Bonmot, mehr nicht. Dürrenmatt steht jetzt zwischen der Tradition aristotelischer Dramatik und der Brechtlehre einer nichtaristotelischen Bühnenkunst. Man kann ebensowenig sagen, in der Frage nach der *Funktion* des Bühnengeschehens habe von Anfang an eine Antithese Dürrenmatts zu Brecht bestanden. In seiner »Anmerkung zur Komödie« von 1952 ist Dürrenmatt weit davon entfernt, funktionsloses oder gar irgendein absurdes Theater im damaligen Sinne Ionescos fordern zu wollen. Die Komödie sei Zeittheater und bedürfe der Einfälle. Denn: »Sie ist unbequem, aber nötig. Die Tyrannen dieses Planeten werden durch die Werke der Dichter nicht gerührt, bei ihren Klageliedern gähnen sie, ihre Heldengesänge halten sie für alberne Märchen, bei ihren religiösen Dichtungen schlafen sie ein, nur eines fürchten sie: ihren Spott.« Aber das war ein Satz, den auch Brecht geschrieben haben konnte.

Dürrenmatts Auseinandersetzung mit dem Schaffen Brechts mußte weitergehen. Merkwürdig übrigens, wie sich in Dürrenmatts eigener Entwicklung gewisse Konstellationen der künstlerischen Laufbahn Bertolt Brechts zu wiederholen scheinen. Dürrenmatts dramatisches Debüt »Es steht geschrieben« scheint – ein Vierteljahrhundert später – die Anfänge Brechts mit »Baal« wiederholen zu wollen. Die Wiedertäuferkomödie und Brechts antiexpressionistischer Erstling demonstrierten bereits nicht bloß eine ungewöhnliche Begabung, sondern ein poetisches Programm, das spä-

ter weiterentwickelt wurde. Noch in Brechts Bearbeitung des »Hofmeisters« von Lenz finden sich bewußt eingesetzte Lyrismen des Baal-Dichters. Erstaunlich auch in beiden Fällen – bei aller Distanz von nahezu drei Jahrzehnten – die *Faszination durch Frank Wedekind.* Der war eines der großen Erlebnisse des jungen Brecht gewesen: in seinem Bänkelsang und seiner auf Büchner wie den Sturm und Drang zurückweisenden Themenstellung. Friedrich Dürrenmatt hat bekanntlich – ähnlich übrigens wie der Brecht der »Dreigroschenoper« – einen albernen Plagiatsanwurf im Zusammenhang mit Wedekind erleben müssen, wobei sonderbarerweise bloß Äußerlichkeiten der Handlungsführung in der »Ehe des Herrn Mississippi« die literarischen Sachkenner in Sachen Wedekind auf den Plan riefen, während man schon bei dem Wiedertäuferstück hätte entdecken können, daß hier im Gegeneinander von Bockelson und Knipperdollinck die Konstellation Keith-Scholz aus Wedekinds »Marquis von Keith« übernommen worden war.
Auch bei Dürrenmatt – weitgehend unabhängig von Brecht, denn eine nähere Beschäftigung mit dessen Stücken und Theorien wird man bei Dürrenmatt wohl erst für Anfang der fünfziger Jahre anzusetzen haben – die *Faszination der Trivialliteratur.* Boulevardkomödien, Kriminalromane, Kabarettszenen, bei Ablehnung einer eingehenden Beschäftigung mit der sogenannt »hohen Literatur«: das alles kannte man schon vom Brecht der zwanziger Jahre. Brechts »unliterarische Tradition«, die sich damals, um 1925, vor allem auf Kriminalromane, Sport und Technik berief, findet ihr Gegenstück beim jungen Dürrenmatt, der keine Gelegenheit versäumt, ähnlich wie Brecht im gleichen Lebensalter, es den Literaturwissenschaftlern zeigen zu wollen. Mag sein, daß Dürrenmatt, als er sein unhistorisches Wiedertäu-

ferstück schrieb, »Die Heilige Johanna der Schlachthöfe« mit ihren Schillerzitaten und Hölderlinzitaten und Bibelzitaten bereits gelesen hatte. Notwendig ist es nicht, denn die Schillerzitate des Scharfrichters in Dürrenmatts erstem Stück entspringen durchaus der dramaturgischen Grundkonzeption und brauchen gar nichts mit »Einflüssen« irgendeiner Brechtlektüre zu tun haben.

Die Konstellation Dürrenmatt-Brecht besitzt also durchaus objektive geschichtliche Züge. In Dürrenmatts Anfängen scheint sich, fünfundzwanzig Jahre später, die Ausgangskonstellation Bertolt Brechts zu wiederholen. Das hat nichts mit literarischer Metaphysik zu tun, sondern mit den Gegebenheiten einer Situation von Literatur und Theater am Ausgang der Bürgerzeit. Gemeinsamkeit also der gesellschaftlichen wie der künstlerischen Ausgangssituation. Das Ansich dieser Konstellation aber wird bald für Dürrenmatt zu einem Anundfürsich, indem er sich durch das Studium der Brechtwerke und -theorien dieser dialektischen Entsprechung bewußt wird. Der Essay »Theaterprobleme« bedeutet noch keine wirkliche Klärung, weshalb Dürrenmatt in seiner »Schiller-Rede« von 1959 das Thema abermals aufgreifen sollte.

Inzwischen nämlich war auch der Dramatiker Dürrenmatt immer wieder in die Nähe des Stückeschreibers Brecht geraten. Nach der »Ehe des Herrn Mississippi«, die ein großer Erfolg geworden war und gleichzeitig in die Sackgasse führte, in der Beziehung von Ideologie und Handlung gar nicht so unähnlich dem dramaturgischen Treiben Sartres, das der Kritiker Dürrenmatt bei einer Rezension von »Der Teufel und der liebe Gott« im November 1951 als »Waffe niedrigster Art« und als »Philosophischen Schlagring« bezeichnet hatte, war bei Dürrenmatt immer stärker die Ver-

wendung von Brechtmotiven aufgefallen. Unverkennbar vor allem in der zweiten Fassung der Komödie »Ein Engel kommt nach Babylon«, aber auch im »Besuch der alten Dame« und vor allem selbstverständlich in »Frank V.«, dieser »Oper einer Privatbank«, die nicht, wie prompt behauptet wurde, ein Plagiat an der »Dreigroschenoper« darstellte, sondern eine Neufunktionierung des Brechtthemas anstrebte. Bei Brecht: auch Gangster sind eigentlich Bürger. Bei Dürrenmatt: Bürger sind eigentlich Gangster.
In der Mannheimer Schillerrede von 1959 sollten nun die dialektischen Vermittlungen zwischen Dürrenmatt und Brecht näher bestimmt, die Distanzen wie die Gemeinsamkeiten theoretisch fixiert werden. Brecht ist tot, aber für Dürrenmatt ist er aktueller denn je. Brecht ist in unserer Zeit nach Meinung Dürrenmatts »die extremste Form des sentimentalischen Dichters« im Sinne Schillers. Der Marxismus ist, wie der Mannheimer Redner allen gutgemeinten oder schlechtgemeinten Versuchen entgegenhält, den reinen Dichter Brecht vom bloßen Kommunisten trennen zu wollen, integrierender Bestandteil dieses besonderen Künstlertums. »Deshalb stellt das Ärgernis, daß sich zu unserer Zeit der größte deutsche Dramatiker im Glauben, menschlich zu handeln, auf die Seite einer Revolution schlug, an uns die Frage nach unserer Antwort auf unsere Zeit. Haben wir überhaupt eine Antwort, oder tun wir nur so, als ob wir eine hätten?«
Vermutlich war das eine rhetorische Frage, denn im Grunde mußte es dem Schillerpreisträger Dürrenmatt einigermaßen gleichgültig sein, ob die festliche Versammlung, an die er sich wandte und die schon zu Beginn dieser Schillerrede einige Unruhe verriet, mit ihm bereit war, sich eine Antwort über ihr Verhältnis zu Brecht auszudenken. Für ihn

selbst aber war das durchaus nicht belanglos. Zum Marxismus wollte Dürrenmatt sich nicht bekennen. Ein religiöser Dichter gedachte der Pfarrerssohn ebensowenig zu sein. Darüber steht bereits in den »Theaterproblemen« ganz unmißverständlich der Satz, die Welt erscheine möglicherweise »von einem Punkt außerhalb«, aus der Transzendenz also, weniger bedrohlich, »doch habe ich kein Recht und keine Fähigkeit, mich außerhalb zu stellen«. Auch hier also wieder einmal – Holthusen zum Trotz, der den gleichen Vorgang bereits an Thomas Mann sehr heftig gerügt hatte – eine »Welt ohne Transzendenz«. Aber auch kein dialektischer Materialismus. Was also? Absurdes und funktionsloses Theater? Blickt man heute, in Kenntnis des Schauspiels »Die Physiker«, auf die Schillerrede von 1959 zurück, so finden sich neben dem Bekenntnis zur Auseinandersetzung mit Brecht auch bereits die Ansätze zu jener Gegenposition und Zurücknahme, die nicht ganz drei Jahre später zur Zurücknahme des Galilei und der Funktionsdramatik Brechts führen sollte. Gegen Ende der Mannheimer Rede, als der Mittelteil über den sentimentalischen Dichter Brecht abgeschlossen und Dürrenmatt von neuem zur Konfrontierung unserer Zeit mit der Schillerzeit übergegangen war, kommt es zu einer Konstatierung, die *gleichzeitig gegen Schiller und gegen Brecht* gerichtet ist: »Wir haben aufs neue zu durchdenken, was des Staats und was des Einzelnen ist, worin wir uns zu fügen haben, wo zu widerstehen ist, worin wir frei sind. Die Welt hat sich nicht so sehr durch ihre politischen Revolutionen verändert, wie man behauptet, sondern durch die Explosion der Menschheit ins Milliardenhafte, durch die notwendige Aufrichtung der Maschinenwelt, durch die zwangsläufige Verwandlung der Vaterländer in Staaten, der Völker in Massen, der Vaterlandsliebe in eine Treue der

Firma gegenüber.« Es folgt ein Satz, der heute als geistige Keimzelle des Schauspiels von den drei Physikern anmutet, denn Dürrenmatt glaubt feststellen zu müssen: »Der alte Glaubenssatz der Revolutionäre, daß der Mensch die Welt verändern könne und müsse, ist für den Einzelnen unrealisierbar geworden, außer Kurs gesetzt, der Satz ist nur noch für die Menge brauchbar, als Schlagwort, als politisches Dynamit, als Antrieb der Massen, als Hoffnung für die grauen Armeen der Hungernden.«

Erst hier findet sich die Antwort Dürrenmatts an Brecht, denn die Mannheimer Rede greift ebenso unauffällig wie unverkennbar die Frage auf, ob die heutige Welt auf dem Theater wiederzugeben sei, und ob dieses Theater die Welt verändern könne. Bertolt Brecht hatte als schwerkranker Mann im Jahre 1955 in einem Brief an die in Darmstadt tagenden Dramaturgen sowohl die Möglichkeit zugelassen, die heutige Welt auf der Schaubühne sichtbar zu machen, als die andere Möglichkeit, mit Hilfe einer im Theaterstück richtig gedeuteten Welt den Zuschauer zur Welterkenntnis und zur Weltveränderung zu bringen. »In einem Zeitalter, dessen Wissenschaft die Natur derart zu verändern weiß, daß die Welt schon nahezu bewohnbar erscheint, kann der Mensch dem Menschen nicht mehr lange als Opfer beschrieben werden, als Objekt einer unbekannten, aber fixierten Umwelt. Vom Standpunkt eines Spielballs aus sind die Bewegungsgesetze kaum konzipierbar.« Das war damals – 1955 – eine *Antwort Brechts an Dürrenmatt* gewesen, denn der Verfasser der »Ehe des Herrn Mississippi«, die auf das Lob des *Opfers* hinauslief, hatte die Frage gestellt, »ob die heutige Welt durch Theater überhaupt noch wiedergegeben werden kann«. In Brechts Antwort wird daher der Name Friedrich Dürrenmatt schon in der ersten Zeile genannt. Nicht die Perspektive des Opfers, nicht der Standpunkt des Spielballs. Die Entwicklung der Naturwissenschaft hat bereits die Möglichkeit für »menschenwürdige« Gesellschaftsverhältnisse geschaffen. Die heutige Welt kann daher auch auf dem Theater wiedergegeben werden, »aber nur, wenn sie als veränderbar aufgefaßt wird«. Veränderbar durch wen? Brecht antwortet: »Ich habe dies viele Jahre lang aufrechterhalten und lebe jetzt in einem Staat, wo eine ungeheure Anstrengung gemacht wird, die Gesellschaft zu verändern.«

Erst wenn diese Thesen Brechts in das Gespräch Brecht–Dürrenmatt einbezogen werden, versteht man einige Sätze der Schillerrede, die umgekehrt stipulieren, die Entwicklung der modernen Naturwissenschaft habe die Erde nicht bloß immer unbewohnbarer gemacht, sondern auch die Möglichkeit geschaffen, die vom Verfasser des Galilei beklagte Scherenentwicklung zwischen Naturwissenschaften und Gesellschaftswissenschaft dadurch zu beseitigen, daß beide vernichtet werden. Der Brechtthese, daß die Welt veränderbar sei, folglich verändert werden müsse, antwortete Dürrenmatt mit dem soziologischen Hinweis darauf, eine Veränderbarkeit der Welt durch den Einzelnen sei »unrealisierbar geworden, außer Kurs gesetzt«.

Von hier führte der Weg Dürrenmatts zu dem Schauspiel »Die Physiker«, das alle früheren Themen abermals aufgreift: Nutzen oder Nutzlosigkeit des Opfers; Möglichkeiten des Einzelnen, den Weltlauf zu beeinflussen; Komödie mit Toten; Wirksamkeit oder Unwirksamkeit der Stückeschreiber bei Veränderung der Welt. Trotzdem hatte Dürrenmatt nicht einfach die Thesen seiner Schillerrede von 1959 »dramatisiert«. Das Schauspiel selbst bedeutete eine *neue* Position: auch gegenüber Brecht. Die 21 Punkte des

Nachworts zum Schauspiel von den Physikern machen das deutlich.

Auch für das Physikerstück Friedrich Dürrenmatts nämlich gilt der kritische Einwand, den *Gottfried Benn* zehn Jahre vorher (1952) bei Betrachtung der »Ehe des Herrn Mississippi« gemacht hatte: daß der Verfasser dieses ungewöhnlichen Schauspiels (es kam selten vor, daß Benn sich für zeitgenössische Literatur interessierte; hier war es einmal der Fall) die strenge Scheidung der beiden Welten Kunst und Leben nicht genügend respektiere. Als Kritiker Friedrich Dürrenmatts postulierte Benn: »Kunst ist etwas Hartes, wenn sie wirkliche Kunst ist, bringt und fordert sie Entscheidung. Wie steht es mit der Entscheidung unseres Autors? Ist es möglich, die innere Lage des heutigen Menschen, seine beiden Grundzüge, den des Individuellen und den des von der Schöpfung gegebenen Zwangs, auf der Bühne zum Ausdruck zu bringen, wenn man Zeit und Raum atomisiert und sich sogar geographisch nicht entscheiden kann, nämlich ob für den Süden mit der Zypresse oder für den Norden mit dem Apfelbaum?« Die Folgerung für das Stück von der absoluten Gerechtigkeit und vom Opfer: »Und da muß man antworten, daß vielfach die Trennung zwischen dem relativierenden und diskutierenden Autor und seinen Figuren nicht ganz vollzogen ist.«

Gottfried Benn traf damit eine entscheidende Schwierigkeit dieser Dramaturgie. Dürrenmatts Antwort (oder Nicht-Antwort) auf die Frage nach Funktion oder Funktionslosigkeit seiner Stücke soll nämlich weder mit Benn noch mit Brecht etwas zu tun haben. Weder apodiktische Trennung von Kunst und Leben wie bei dem monologischen Lyriker, noch sentimentalische Dichtung eines Marxisten, der die Welt mit Hilfe der Schaubühne verändern möchte. Bei sol-

cher Negativität aber von Dürrenmatts Haltung kann es nicht ohne Widersprüche abgehen. Eine Zeitlang mochte es scheinen, als stelle Dürrenmatts gesamte Dramatik immer wieder in Abwandlungen die Notwendigkeit und Größe des *menschlichen Opfers* dar. Aber bereits die Opferung Ills im »Besuch der alten Dame« entbehrte der tragischen Größe: die ungeheuerliche Konstellation in den Beziehungen zwischen der alten Dame und der Stadt Güllen ließ das herkömmliche Spiel von Schuld und Sühne gar nicht mehr zu. Das »Opfer« vollends, das der Physiker Möbius auf sich nehmen wollte – »daß es heute die Pflicht eines Genies ist, verkannt zu bleiben« –, ist weder tragisch noch auch nur erfolgreich. Die Opferung Ills hatte wenigstens, wie der schauerliche Schlußchor bewies, dem Städtchen Güllen für eine Weile den Wohlstand gesichert. Die Zurücknahme aber seiner Forschungen durch Möbius blieb belanglos, denn die »alte Dame« dieses neuen Stückes konnte trotzdem, mit Hilfe der zurückgenommenen Forschungen, ihren Trust der Weltbeherrschung oder Weltvernichtung aufbauen. Hatte es ursprünglich so ausgesehen, als neige Dürrenmatt den Gedanken zu, die Benn in seinem Hörspiel »Die Stimme hinter dem Vorhang« genau zehn Jahre vor den »Physikern« verkündet hatte: »Im Dunkel leben, im Dunkel tun, was wir können«, so zeigt der Fall Möbius, daß eben dies in der heutigen Gesellschaftslage gar nicht mehr möglich ist. Der Physiker Johann Wilhelm Möbius möchte im Dunkel leben und auf Forschen wie Handeln verzichten. Aber es erweist sich die Richtigkeit der 18. These Dürrenmatts zu seinem Schauspiel von den Physikern: »Jeder Versuch eines Einzelnen, für sich zu lösen, was alle angeht, muß scheitern.« Also doch Brecht und nicht Benn?
Der Physiker Kilton kriecht am Schluß des Schauspiels wie-

der in die Verrücktenpose zurück und gibt sich abermals als Newton aus; er bekennt als seine und Newtons wissenschaftliche Maxime: »Hypotheses non fingo.« Das war die Haltung des Physikers Newton, nicht die des Dramatikers Dürrenmatt. Der nämlich hatte seinem vorletzten Stück »Frank V.« eine »Standortbestimmung« mit auf den Weg gegeben, die mit den Worten begann: »Hypotheses fingo.« Gemeint war dies: »Der Weg, den meine Dramatik eingeschlagen hat, ist nicht ohne weiteres einzusehen. Ohne vom Komödiantischen, Spielerischen als ihrem Medium zu lassen, ist sie vom ›Denken über die Welt‹ zum ›Denken von Welten‹ übergegangen. Nicht um philosophisches, naturwissenschaftliches oder theologisches Denken zu kritisieren, sondern um etwas anderes zu treiben. In dieser Richtung ist auch ›Frank der Fünfte‹ zu suchen, nicht als ein nationalökonomisches Stück (da wäre es zu naiv und zu oberflächlich), sondern als Arbeit über ein fingiertes Modell. Modell von was? Von möglichen menschlichen Beziehungen.« Als Dramatiker aber deute er die Welt nicht, denn dies sei nicht seine Aufgabe. Trotzdem könnten, wie Dürrenmatt ausdrücklich zugibt, Vorgänge der heutigen Welt in den Fabeln und Situationen seiner Stücke durchaus verstehbar gemacht und – durch Kritiker oder Zuschauer – gedeutet werden. Daß ein Zuschauer, wenngleich vielleicht nicht immer ein Kritiker, das Treiben der Bühnenfiguren auf seine eigene Zuschauerwirklichkeit beziehen könne, auch beziehen solle, ist für Dürrenmatt selbstverständlich. Was dabei im Leben des Zuschauers »herauskomme«, lasse sich kaum vorhersagen, erst recht nicht dramaturgisch einkalkulieren. Den dialektischen Zusammenhang von Theorie und Praxis im Sinne Brechts scheint Dürrenmatt nicht anzuerkennen. Er würde vermutlich nicht daran denken, nach dem Vorbild Brechts, neben dem Versuch, eine neue Kunst des Stückeschreibens zu begründen, auch noch eine neue »Zuschaukunst« beim Publikum zu inaugurieren. Wieder einmal verschiedene Auffassungen über die Veränderbarkeit der Welt.

Die Schlußthese zu den »Physikern« faßt Dürrenmatts Ansicht über die Beziehungen zwischen Substanz und Funktion einer heutigen Dramatik, die weder Brecht noch Benn zu folgen gedenkt, in dem Satz zusammen: »Die Dramatik kann den Zuschauer überlisten, sich der Wirklichkeit auszusetzen, aber nicht zwingen, ihr standzuhalten oder sie gar zu bewältigen.« Demonstriert wird: Opfer des Einzelnen sind heute sinnlos. Der Einzelne kann die Welt weder durch Opfer erlösen, noch durch sein Denken und Handeln von Grund auf verändern, und sei er selbst der größte Physiker der Menschheitsgeschichte. Die Zeit der weltverändernden großen Individuen, der Helden wie der Heiligen, scheint für Dürrenmatt vorbei zu sein. Daraus folgt, wie Punkt 17 betont: »Was alle angeht, können nur alle lösen.« Physiker haben mit der Physik zu tun, mit der physikalischen Forschung nämlich. Deren Auswirkungen aber gehen alle Menschen an; weshalb auch nur alle Menschen zusammen, nach Meinung Dürrenmatts, die schlimmstmögliche Wendung zu verhindern vermögen.

Die Dramaturgie eines Schauspiels, das sich hypothetische Fälle menschlichen Gegenwartsverhaltens ausdenkt, geht nur den Stückeschreiber und seine Gehilfen auf der Bühne an. Die Folgerungen glaubt Dürrenmatt dem Publikum überlassen zu sollen, wobei er nur scheinbar offenläßt, welche Folgerungen der Zuschauer oder ein Dürrenmatt-Leser nun wirklich zieht. Der Schweizer Dürrenmatt ist durchaus nicht so neutral, wie er manchmal tun möchte. Billigung der gesellschaftlichen Lebensform in Güllen war dem dramatischen Bericht über den Besuch einer alten Dame wohl kaum zu entnehmen. Güllen war ein Modell, wie später »Andorra« bei Max Frisch. Beide Modelle hatten übrigens mit der Schweiz zu tun. An der »Ehe des Herrn Mississippi« störte den Kritiker Gottfried Benn damals noch die Ungenauigkeit der Geographie. Das ist nun längst nicht mehr der Fall. Die Privatbank der Dynastie Frank steht am Ufer des Zürichsees. Wer sich auskennt, wird nach der Lektüre der Vorbemerkung zu den »Physikern« unschwer entdecken, daß sich das Nervensanatorium mit den drei Physikern am Ufer des Neuenburger Sees befindet: unweit der Gegend, wo die Familie Dürrenmatt wohnt.

Dennoch wäre es ganz töricht, daraus folgern zu wollen, Dürrenmatt »meine« die Schweiz. Auch die heutige Schweiz ist ein Modell. Sie erlaubt dem Dramatiker das »Denken von Welten«. Mit dem Denken aber hat das gesamte Schaffen dieses schweizerischen Schriftstellers zu tun. Auch darin steht er in der Nachfolge Bertolt Brechts. Nicht bloß Galilei, sondern auch der Schöpfer dieser Bühnengestalt empfand das Denken als Lust, Laster und Versuchung. Friedrich Dürrenmatt – Hypotheses fingo – hält es nicht anders. Denken als Versuchung, aber auch als Verantwortung in einer Zeit, die gekennzeichnet scheint vom Hang zur allgemeinen Verantwortungslosigkeit. Bevor sich Johann Wilhelm Möbius von neuem und diesmal endgültig in den armen König Salomo verwandelt, spricht er den Satz: »Was einmal gedacht wurde, kann nicht mehr zurückgenommen werden.« Abermals die Zurücknahme. Aber diesmal ist es, denkt man den Satz zu Ende, gleichzeitig eine Zurücknahme der Zurücknahme. Was einmal gedacht wurde, kann nicht mehr zurückgenommen werden. Also auch Brecht nicht.

DIE PANNE

Kreons Sekretäre erledigen den Fall Antigone.
Friedrich Dürrenmatt, »Theaterprobleme«
(1955)

Dieser Satz aus Dürrenmatts großem Essay über Theaterprobleme von 1955 weist zurück auf das drei Jahre vorher (1952) entstandene »Nächtliche Gespräch mit einem verachteten Menschen«. In der modernen Welt, so will es Dürrenmatt scheinen, ist das große, tragische Spiel und Gegenspiel kaum noch möglich. Nichts mehr von Marquis Posa vor König Philipp, von Egmonts Attitüde vor Herzog Alba. »Die echten Repräsentanten fehlen, und die tragischen Helden sind ohne Namen. Mit einem kleinen Schieber, mit einem Kanzlisten, mit einem Polizisten läßt sich die heutige Welt besser wiedergeben als mit einem Bundesrat, als mit einem Bundeskanzler. Die Kunst dringt nur noch bis zu den Opfern vor, dringt sie überhaupt zu Menschen, die Mächtigen erreicht sie nicht mehr. Kreons Sekretäre erledigen den Fall Antigone.«
Ein Jahr nach dem dramaturgischen Essay entstanden zwei Werke, die Dürrenmatts Weltruf begründeten: seine tragische Komödie vom »Besuch der alten Dame« und das Hörspiel »Die Panne«. Freilich wurden gewisse Gedankengänge aus den »Theaterproblemen« hier nicht unwesentlich modifiziert. Das Thema des Opfers, das den frühen Dürrenmatt immer wieder fasziniert hatte, tritt an Bedeutung zurück, wird in zunehmendem Maße sogar entwertet. Der Güllener Kaufmann Ill als Partner der alten Dame ist nicht mehr Opfer im Sinne des Knipperdollinck in Dürrenmatts erstem großen Schauspiel »Es steht geschrieben« oder des

Übelohe aus der »Ehe des Herrn Mississippi«. Die Kunst dringe nur noch bis zu den Opfern vor? Im Konflikt zwischen Ill und dem Städtchen Güllen, am sinnlosen Opfer des Physikers Johann Wilhelm Möbius wird der Fall später sogar ausdrücklich widerlegt.

Ill mochte noch gewisse Merkmale und Gebärden der Selbstopferung vollziehen. Der Generalvertreter Alfredo Traps in der »Panne« dagegen ist von solchen unrealistischen Verhaltensweisen weit entfernt. Er illustriert zunächst einmal die These seines Verfassers, daß »mit einem kleinen Schieber, mit einem Kanzlisten, mit einem Polizisten« die heutige Welt auf dem Theater besser wiedergegeben werden könne als mit irgendwelchen politischen Protagonisten. Ungefähr um die gleiche Zeit, da die Geschichte von Herrn Traps aufgezeichnet wurde, hatte Dürrenmatt aus Anlaß eines Romans geschrieben: »Immer deutlicher taucht die Notwendigkeit auf, Strukturen der menschlichen Gemeinschaft selbst zum Handlungsträger zu machen.« Das Individuum im überlieferten Sinne sei nämlich nicht mehr repräsentativ. So gesehen ist aber Alfredo Traps ein vorbildlicher Modellfall. Wenngleich man ihn weder als Schieber noch als Kanzlisten oder Polizisten bezeichnen kann, ist er doch Alleinvertreter der Hephaiston auf diesem Kontinent. Die Hephaiston jedoch ist, wie Traps seinen Richtern rühmend bekanntgibt, »die Königin der Kunststoffe, unzerreißbar, durchsichtig, doch dabei gerade für Rheumatiker eine Wohltat, ebenso verwendbar in der Industrie wie in der Mode, für den Krieg wie für den Frieden, der vollendete Stoff für Fallschirme und zugleich die pikanteste Materie für Nachthemden schönster Damen, wie ich aus eigener Forschung weiß«.

Der Hörer am Lautsprecher mochte dabei vermutlich bloß

an Kunststoffe denken und ihre Vorzüge gegeneinander abwägen. Leute mit klassischen Reminiszenzen freilich, wie die uralten Akademiker, die über Traps zu Gericht sitzen, dachten sogleich auch an die vielgerühmten Gespinste des Hephaistos, an die Netze des Vulkans. In ein solches Netz geriet Traps, als er sich bei Gelegenheit einer Autopanne seines Studebakers in die weiße Villa des Herrn Werge begab, wo noch Gericht gehalten wird im Sinne der alten tragischen Überlieferung. Dies Gericht aber ist tragisches Spiel mit possenhaftem Einschlag. Uralte Leute als Richter, Ankläger und Verteidiger; der Apparat der Gerechtigkeit ist in hohem Maße pensionsreif; Justiz wird als Spiel betrieben, als Würze eines gräßlich üppigen Gastmahls. An der kausalen Verknüpfung von Schuld und Sühne freilich wird streng festgehalten. Diese drei Juristen mit dem fast schweigsamen Nachrichter oder Henker als viertem Gesellen sind strenge Anhänger der in der Strafrechtslehre längst abgeschafften »Bedingungstheorie«, wonach einem Täter, der irgendeine Bedingung gesetzt hat, die zu einer strafbaren Handlung führte, diese Straftat juristisch zugerechnet wird, wofern nur die Bedingung so bedeutend war, daß sie nicht weggedacht werden kann, ohne daß zugleich die strafbare Handlung selbst entfiele. Im Sinne dieser eher theologischen als juristischen Theorie ist Alfredo Traps am Tode seines früheren Chefs Gygax schuldig, und zwar hat er vorsätzlich und mit Überlegung, also als Mörder, gehandelt. Jubelnd und kichernd konstatieren es die Greise. Vor einem durchschnittlichen Gericht, das sich mehr mit adäquaten Kausalzusammenhängen zu beschäftigen pflegt, wäre es vermutlich nicht zur Anklage gegen Traps gekommen. Wieso auch. Er hat den Herrn Gygax nicht ermordet. Er führte bloß, in Kenntnis der schweren Herzkrankheit, einige Situationen herbei, die auf einen herzkranken Menschen nicht gerade wohltätig wirken mußten. Na und? Im Sinne der strengen Bedingungstheorie dagegen, mit welcher die Tragödientradition von der Antike bis hinauf zu Friedrich Hebbel zu arbeiten pflegte und nach der sich auch die schlemmenden und judizierenden Greise richten, sähe der Fall Traps ein wenig anders aus. Hier hätte er in der Tat gewisse »Bedingungen gesetzt«, vorsätzlich und überlegt, ohne die es – vielleicht – nicht zum Herztod des Gygax und damit zum Aufstieg des Traps gekommen wäre.

Man könnte Dürrenmatt nicht unsinniger mißverstehen als durch die Annahme, er habe als Moralist am Fall des Generalvertreters der Hephaiston demonstrieren wollen, ein Mensch begehe in seinem Leben oft wirkliche Verbrechen, selbst wenn diese nach dem Buchstaben des Strafgesetzbuches nicht geahndet würden. Das war ein Strindberg-Thema, vorgebildet übrigens schon bei Henrik Ibsen, ist aber kein Dürrenmatt-Thema. Die Frage nach der moralischen Tragweite von Handlungen, die aus »Trägheit des Herzens« begangen werden, war der literarischen Generation von 1920 vertraut, denn sie hatte einen ersten Weltkrieg hinter sich, der Ungeheuerliches auch durch Trägheit des Herzens bewirkte. Vieles davon hat Karl Kraus für die »Letzten Tage der Menschheit« aufgezeichnet. Dürrenmatts Geschichte dagegen von Alfredo Traps und seinen Richtern entstand mehr als ein Jahrzehnt nach dem zweiten Weltkrieg, als es offenbar nicht mehr sinnvoll schien, solche Grenzfälle zwischen juristischer und moralischer Schuld eines Individuums auf die Bühne zu bringen. Nicht die Schuld oder Sühne des Herrn Traps soll gezeigt werden, sondern die Struktur einer »menschlichen Gemeinschaft« von heute. Zustand einer Gesellschaft der totalen und allgemeinen Verantwortungslosigkeit, die nach Dürrenmatts Meinung in unserer Zeit das Schreiben von Tragödien unweigerlich verbieten müsse. Denn: »Die Tragödie setzt Schuld, Not, Maß, Übersicht, Verantwortung voraus. In der Wurstelei unseres Jahrhunderts, in diesem Kehraus der weißen Rasse, gibt es keine Schuldigen und auch keine Verantwortlichen mehr. Alle können nichts dafür und haben es nicht gewollt. Es geht wirklich ohne jeden. Alles wird mitgerissen und bleibt in irgendeinem Rechen hängen. Wir sind zu kollektiv schuldig, zu kollektiv gebettet in die Sünden unserer Väter und Vorväter. Wir sind nur noch Kindeskinder. Das ist unser Pech, nicht unsere Schuld: Schuld gibt es nur noch als persönliche Leistung, als religiöse Tat. Uns kommt nur noch die Komödie bei.« Darum also geht es für Dürrenmatt gar nicht um »Schuld und Sühne« des Herrn Traps, sondern um eine Gesellschaft, die sich in Traps spiegelt und notgedrungen wohl auch zugeben müßte, daß das Verhalten dieses Alfredo bei seinem Versuch, vom Citroën 1939 zum Studebaker, rotlackiertes Extramodell, aufzusteigen, durchaus den Gesetzen eines modern-kategorischen Imperativs entspricht. Was heißen soll, daß Alfredo Traps, Generalvertreter, nicht bloß so handelte, wie es den Maximen einer allgemeinen Geschäftsgesetzlichkeit entsprach, sondern bei seiner Karriere auch so vorging, daß man ihn als vorbildhaft tüchtig beim Ausnutzen einer jeden Chance bezeichnen könnte. Nach den Geschäftsprinzipien von Güllen war Traps ein vorbildlich handelnder Mensch seines Berufs. Auch nach den Gesetzen von Mahagonny und Sezuan. Oder von Andorra.

Schuld des Alfredo Traps? Aber er handelte modellhaft unter den gegebenen Bedingungen und mit den ihm gegebenen Möglichkeiten. Sein Fall ist ein solcher der schweizerischen (nicht bloß schweizerischen!) Hochkonjunktur von 1956, nicht aber der altmodischen Bedingungstheorie im Strafrecht. Darum auch entspricht dieses sonderbare Gericht, das den Fall Traps zu erledigen hat, durchaus dieser Darstellung von Zuständen einer Hochkonjunktur. Inadäquat ist der Begriff der tragischen *Schuld* im Falle von Traps; unangemessen erscheint gleichfalls der Begriff der *Sühne* beim Anblick dieses spielenden, kichernden, der Völlerei ergebenen Juristentrios, dem die Gerechtigkeit zur Ästhetik entartete. Die alte Dame kam nach Güllen, um dort Gerechtigkeit zu kaufen, und es zeigte sich, daß man sie in Güllen gegen Geld bekommen konnte. Freilich war es, der Milliarden ungeachtet, eine Gerechtigkeit zu erheblich herabgesetztem Preis. Die Gerechtigkeit der drei alten Männer in der »Panne« erscheint in anderer Weise als reduziert: weniger durch Schlemmerei oder Pensionierung, als durch den *Anachronismus*. Diese Gerechtigkeit, der sich Traps freiwillig stellt, da auch er das Spiel mitzuspielen gedenkt, ist nicht deshalb inadäquat, weil sie keine Exekutivmittel mehr besitzt, sondern weil ihre Verfahrensweisen auf Fälle wie den des Generalvertreters nicht mehr zu passen scheinen. Da in einer Gesellschaft der allgemeinen Verantwortungslosigkeit und moralischen Wurstelei für Fälle wie den von Traps und Gygax keine Schuld, schon gar keine tragische Schuld mehr konstatiert werden kann, wird ein Höhepunkt der Groteske erreicht, wenn die antike tragische Sühne störrisch darauf beharrt, wie hier beim Gericht der drei alten Männer, tätig zu werden, wenngleich gar kein Kausalzusammenhang zwischen Tat und Sühne hergestellt werden kann. »Kreons Sekretäre erledigen den Fall Antigone.« Hier war das tragische Tun der Antigone noch intakt, aber es gab keinen tragischen Untergang mehr, höchstens eine

administrative »Endlösung« durch Kreons Sekretäre. In der »Panne« ist es umgekehrt. Hier liegt eine moralische Allerweltsschlamperei vor, die auch eine Leiche im Gefolge hat, ohne daß davon bisher viel Aufhebens gemacht worden wäre. Und dieser Allerweltsfall sollte eine Sühne finden wie der Muttermord des Orest, mit Erinnyen und allem Zubehör? Das ist gar nicht mehr möglich, und Dürrenmatts Erinnyen sind auch danach.
Bleibt freilich der Exitus. Hier scheint der Verfasser der Geschichte, hält man sich bloß an die Vorgänge, im Zustand einer sonderbaren Unentschiedenheit zu verharren. Dürrenmatt hat seine »Panne« in zwei Fassungen vorgelegt: als *Hörspiel* und als *Erzählung.* Die epische Darstellung trägt den Untertitel »Eine noch mögliche Geschichte«. Im allgemeinen wird die Fabel in beiden Fassungen, der hörspieldramatischen und der epischen, mitsamt allen Einzelheiten beibehalten. Abweichungen zwischen Hörspieltext und Erzählungstext erklären sich in den meisten Fällen durch Besonderheiten der Gattung, ohne auf eine Änderung der Grundsubstanz schließen zu lassen. Der Schluß dagegen bricht mit aller bisherigen Übereinstimmung der Handlungselemente. Das Hörspiel entläßt einen völlig unbelehrten und unbekehrten Alfredo Traps von neuem in sein Generalvertreterleben. Die Panne ist behoben, die durchzechte Nacht mit dem Gericht bloß noch eine wirre und konfuse Erinnerung, von seelischer Läuterung und aristotelischer Regelung der Leidenschaften kann nicht die Rede sein. Traps hatte sich zu Beginn des Hörspiels eingeführt mit Wendungen wie: rücksichtslos, unnachsichtlich, dem drehe ich mal den Hals um, kein Pardon, keine Gnade. Am Morgen nach der Panne hat sich der Kreislauf vollendet. Der Studebaker springt an, und Traps fährt los, weg von der

Stätte des Gerichts. Seine Schlußworte stellen die Verbindung zum Anfang her: »Dieser Wildholz! Rieche den Braten. Fünf Prozent will der abkippen, fünf Prozent. Junge, Junge. Rücksichtslos gehe ich nun vor, rücksichtslos. Dem drehe ich den Hals um. Unnachsichtlich!«
Die Erzählung dagegen hat einen durchaus anderen Schluß vorzuweisen. Da torkeln die betrunkenen Juristen nach oben, um ihrem Gast und verurteilten Angeklagten nunmehr, bevor er seinen Rausch ausschlafen kann, die zusammengekritzelten Urteilsgründe zu überreichen: »Der Richter öffnete, doch erstarrte die feierliche Gruppe auf der Schwelle, der Staatsanwalt mit noch umgebundener Serviette: im Fensterrahmen hing Traps, unbeweglich, eine dunkle Silhouette vor dem stumpfen Silber des Himmels, im schweren Duft der Rosen, so endgültig und so unbedingt, daß der Staatsanwalt, in dessen Monokel sich der immer mächtigere Morgen spiegelte, erst nach Luft schnappen mußte, bevor er, ratlos und traurig über seinen verlorenen Freund, recht schmerzlich ausrief: ›Alfredo, mein guter Alfredo! Was hast du dir denn um Gotteswillen gedacht? Du verteufelst uns ja den schönsten Herrenabend!‹«
Die Erzählung, diese »noch mögliche Geschichte«, erschien zuerst 1956, im gleichen Jahre also, das am 29. Januar im Zürcher Schauspielhaus die Uraufführung des »Besuchs der alten Dame« gesehen hatte. Die Hörspielfassung war früher entstanden: im gleichen Jahre 1955 wie der dramaturgische Essay über »Theaterprobleme«. Es verlautet, daß Dürrenmatt nach der Hörspielfassung eine Bühnenbearbeitung des Stoffes versuchte, die offenbar aber niemals zu Ende gebracht wurde. Vielleicht kam der Autor, nicht mit Unrecht, zur Überzeugung, die epische Form, die nach der Hörspielfassung voll bewältigt werden konnte, habe den eigentli-

chen Gehalt der Geschichte von Traps und seinen Richtern so gültig fixiert, daß eine Dramatisierung für die Schaubühne danach bloß noch als Rückbildung gewirkt hätte. Daß Dürrenmatt an der Erzählung ungefähr zu der Zeit gearbeitet haben muß, da er auch die tragische Komödie seiner alten Dame und ihres Jugendgeliebten schrieb, zeigt sich nicht bloß an der Übereinstimmung der Namen Alfredo Traps und Alfred Ill. Das letzte Lied, das Ill bei seinem Abschiedsgespräch mit der Milliardärin noch gern hören möchte, lautet »O Heimat süß und hold«. Als Alfredo Traps sein Urteil vernommen hat, das er dann selbst an sich vollstreckt, geht folgendes mit ihm vor: »Traps war glücklich, wunschlos wie noch nie in seinem Kleinbürgerleben. Blasse Bilder stiegen auf, ein Knabengesicht, wohl sein Jüngster, den er am meisten liebte, dann, dämmerhaft, das Dörfchen, in welches er gelangt war infolge seiner Panne, das lichte Band der Straße, sich über eine kleine Erhöhung schwingend, der Bühl mit der Kirche, die mächtige rauschende Eiche mit den Eisenringen und den Stützen, die bewaldeten Hügel, endloser leuchtender Himmel dahinter, darüber, überall, unendlich.« Beide – Ill wie Traps – sind mit sich und ihrer Umwelt im Einklang, wenngleich diese Harmonie für sie den Tod bedeutet. Alfred Ill handelt als guter Bürger von Güllen, wenn er mithilft, durch Einwilligung und Opfer, in formvollendeter Weise das Hindernis zu beseitigen, das noch zwischen der Stadt und der Milliarde steht und das sein Leben bedeutet. Alfredo Traps dankt dem Richter für das Todesurteil und billigt es durchaus, wenn der betrunkene Anwalt der Gerechtigkeit die angeordnete Hinrichtung als Vollendung eines Lebens »im Sinne eines Kunstwerkes« bezeichnet, da hier die menschliche Tragödie »eine makellose Gestalt annehme«. Alfredo

Traps hilft mit, den Abend einer ästhetisierenden Gerechtigkeit dadurch zu verschönen, daß er sich die Schlinge um den Hals legt, damit das Kunstwerk dieses Gerichtsabends, wie er in seiner ästhetischen Läuterung und Trunkenheit annimmt, erst seine wahre Abrundung erhalte.
In Wirklichkeit zerstört er dadurch das Kunstwerk. Der Tod des Alfredo Traps, den er sich in seinem benebelten Gehirn möglicherweise so vorgestellt haben mochte wie den Selbstmord eines Angeklagten in der Antike, der durch staatliches Todesurteil angeordnet worden war, bewirkt nämlich weder tragödienhafte Reinigung der Leidenschaften noch den Abschluß des juristischen Kunstwerks, wie ihn die rechtsgelehrten Greise sich wünschen mochten. Er ist im Gegenteil eine grobe Vermanschung der Sphären von Kunst und Leben: genauso peinlich und geschmacklos, wie wenn ein eifersüchtiger Schauspieler als Othello auf der Bühne seine Geliebte und Schauspiel-Partnerin wirklich erwürgt, um sich darauf »wirklich« zu erstechen, so daß echtes Blut auf den Bühnenboden fließt. Ähnlich unkultiviert handelte der Selbstmörder Alfredo Traps. Er zerstörte den schönsten Herrenabend. Das Kunstwerk dieser Justiz wurde durch seinen Naturalismus entstellt. Schuld und Sühne? Die sind nur so lange als Begriffe der Ästhetik tauglich wie die ästhetische Sphäre des Spiels beibehalten wird. Wer von hier aus ins wirkliche Leben hineintrapst, muß alles verderben.
Alfredo Traps zerstörte durch seine Tat eben jene ästhetische Harmonie, die er zu verwirklichen gedachte. Alfred Ill kehrte durch seinen Tod in die Gemeinschaft zurück, damit der verwahrloste tragische Chor der Güllener, wie bei Sophokles, ein Schlußwort sprechen kann, dessen moralische Maxime aber von der Erhaltung des Wohlstands spricht:

Nacht bleibe fern
Verdunkle nimmermehr unsere Stadt
Die neuerstandene prächtige,
Damit wir das Glückliche glücklich genießen.

Das Selbstopfer des Alfred Ill besiegelt den nichtsnutzigen Güllener Wohlstand der neuen gelben Schuhe. Das Selbstopfer des Alfredo Traps dagegen steht ganz außer Zusammenhang mit seiner Tat. Der Generalvertreter verspürt bis zum Schluß keinerlei Mitleid mit dem toten Gygax, wozu vermutlich auch wenig Anlaß war; Reue hat mit Christentum zu tun, und Traps ist kein besonders guter Christ. Der Selbstmord fällt aus aller Kausalität. Er bedeutet weder Schuldgefühl, noch Reue oder Buße. Einfach eine ästhetische Ungeschicklichkeit, die alles verdirbt. Eine Panne.

Aus diesem Grunde wird man die epische Fassung dieser Geschichte, die Erzählung also, als die bedeutendere und folgerichtigere Form bezeichnen müssen. Die eigentliche Panne wird nicht durch den Studebaker verursacht; auch nicht durch den Dürrenmattschen Zufall, der Traps in die Abendgesellschaft des Herrn Werge führt und damit in die Tischgemeinschaft von Leuten, die Zorn und Kummer heißen. Die Panne tritt ein, als Traps, in künstlerischen Fragen wenig bewandert, die Sphären von Kunst und Wirklichkeit durcheinanderbringt und den Herrenabend verdirbt. Eine Panne war der Tod des Gygax. Eine Panne ist der Selbstmord des Alfredo Traps.

Hier erst wird verständlich, warum Dürrenmatt seine Erzählung, sehr im Gegensatz zum Hörspiel, als eine Geschichte in zwei Teilen vorgelegt hat, deren erster Teil bloß fünf Seiten umfaßt und einen knappen kulturphilosophischen Traktat des Erzählers darstellt, dem im zweiten Teil die eigentliche Geschichte des Generalvertreters nachfolgt. Wodurch der erste Teil als theoretische Behauptung erscheint, der der zweite Teil als Demonstration zu dienen hat. Die Behauptung gipfelt in folgenden Sätzen: »Das Schicksal hat die Bühne verlassen, auf der gespielt wird, um hinter den Kulissen zu lauern, außerhalb der gültigen Dramaturgie, im Vordergrund wird alles zum Unfall, die Krankheiten, die Krisen.« Woraus dann, nach Dürrenmatt, zu folgern sei: »So droht kein Gott mehr, keine Gerechtigkeit, kein Fatum wie in der fünften Symphonie, sondern Verkehrsunfälle, Deichbrüche infolge Fehlkonstruktion, Explosion einer Atombombenfabrik, hervorgerufen durch einen zerstreuten Laboranten, falsch eingestellte Brutmaschinen. In diese Welt der Pannen führt unser Weg.« Nicht minder folgerichtig beginnt der zweite Teil, die eigentliche Geschichte umfassend, noch vor der Milieuschilderung, mit einer Bemerkung des Erzählers, die unmittelbar als Weiterführung der diskursiven Gedankengänge aus dem ersten Teil verstanden werden muß: »Unfall, harmlos zwar, Panne auch hier.« Auch hier? Nämlich im Falle von Alfredo Traps, der nunmehr vorgestellt wird. Dadurch aber wird der nach dem Tod seines Chefs so rasch avancierende Kunststoffvertreter zum bloßen Demonstrationsobjekt. Zu einem Modellfall. Spinoza geht um. In der Erzählung nämlich hat Dürrenmatt seine Geschichte gleichsam in geometrischer Form dargestellt, nach dem Vorbild, das Spinoza in seiner »Ethik« gegeben hatte. Voraussetzung, Behauptung, Beweis. Vorausgesetzt wird, wie in den »Theaterproblemen«, eine Welt der Verantwortungslosigkeiten und Pannen. Behauptet wird die Unfähigkeit dieser Zeit zur Tragödie. Keine tragödienhafte Schuld, bloß noch eine Welt der Pannen. Den Beweis liefert die Geschichte des Herrn Traps, die nur noch aus Pannen besteht: mit dem Studebaker; mit dem Zufall, der ins Dörfchen des Herrn Werge führt; mit der ästhetischen Gerechtigkeit; mit dem Herzklaps des Herrn Gygax; mit einem Selbstmord, der im Zustand der Volltrunkenheit begangen wird. So daß schließlich sogar der ursprünglich so schöne Herrenabend zur Panne entartet. Mehr ist zu diesem Fall nicht zu sagen.

Eben diese Demonstration aber, die Dürrenmatt dadurch vollzieht, daß er den Fall Traps als ein Besonderes darstellt, das nur als Verkörperung eines Allgemeinen bemerkenswert sei, wodurch es freilich einen aktuellen Gesellschaftszustand illustriere, macht gleichfalls deutlich, daß die Form der Erzählung zwar die tiefere und folgerichtige Fassung der Geschichte darstellt, daß sie aber, was den Schluß betrifft, keinen Widerspruch zu jener ersten Hörspielfassung bedeuten kann, worin Traps völlig unbelehrt und sühnelos zu neuen Taten und Pannen in die Welt fährt. Da sein Selbstmord in der epischen Fassung keine Sühne bedeutet, sondern bloß Krönung aller vorhergehenden Pannen, ist es – von Dürrenmatt her gesehen – ebensogut möglich, daß die Geschichte gut und heiter ausgeht und der liebe Traps am Leben bleibt. Gut und heiter? Jedenfalls ist durch das Gericht und den turbulenten Abend in Traps nichts verändert worden. Auch durch seinen Tod wird nichts verändert. Die pensionierten Erinnyen werden Traps weder bedauern noch in Zukunft auf ihre Spiele verzichten. Sie sind bloß ärgerlich über die Panne und darüber, daß dieser Todesfall im Haus einige Unannehmlichkeiten mit sich bringen muß. Hier klingen übrigens, im Ausklang der Erzählung, schon einige Motive an, die Dürrenmatt ein Jahr später (1957) in seinem bösartigen Hörspiel »Abendstunde im Spätherbst« von neuem aufnehmen sollte.

Tot oder nicht tot, es bleibt sich gleich. Die Verschiedenartigkeit des Ausgangs in Hörspiel und Erzählung bedeutet keine Veränderung der Grundsubstanz. Gerade der Tod des Herrn Traps in der Erzählung demonstriert besonders deutlich die These Dürrenmatts, daß unsere Zeit der Tragik entbehre, so daß uns bloß die Komödie beizukommen vermöge: eine Zeit also, die keinen Konflikt mehr zwischen Kreon und Antigone gestattet, da sich der neue Kreon in extremis durch seine Sekretäre repräsentieren lassen wird. Was hinter alledem zu stehen scheint? Nach Meinung des Autors offensichtlich das Ende einer Ära der freien Individuen, persönlicher Bewährung, der Fähigkeit zu wirklicher Schuld.

In seiner Schiller-Rede von 1959 hatte Dürrenmatt über den Tragödienbegriff Schillers, der im Zeitalter der Französischen Revolution, einer bürgerlichen also, geprägt wurde, folgendes gesagt: »Das Ideal der Freiheit läßt sich nur in einer naiven Welt verwirklichen, in der Welt der Unnatur wird die Freiheit etwas Tragisches. Sie läßt sich nur noch durch das Opfer vollziehen. In Schillers Dramen offenbart sich eine unbedingte Welt, gefügt aus ehernen Gesetzen, zwischen deren Schwungrädern der Weg der Freiheit schmal und streng verläuft.« Er hatte aber sogleich hinzugefügt: »Wenn wir es wagen, diese Welt zu denken, müssen wir sie ebenso ablehnen, wie wir dies mit jener Brechts meistens tun. Ahnen wir in der einen unseren Untergang, wittern wir in der andern unsere Unterdrückung.« Was heißen soll: die in Freiheit handelnden Individuen mit tragischer Schuld und Sühne aus Schillers Dramen erscheinen vor dem bürgerlichen Betrachter aus der Gegenwart als Modelle einer vergangenen Zeit, die bloß noch durch den Kontrast zu demonstrieren vermögen, daß in der Gegenwart die Mög-

lichkeit zu ähnlichem Handeln in Freiheit verlorenging. Die Betrachtung der sentimentalischen Dichtung in der Gegenwart läßt den gleichen Betrachter dagegen erkennen, wie er meint, daß im Theater des heutigen großen Stückeschreibers die Freiheit nicht bloß als real unmöglich, sondern als virtuell unerwünscht erscheinen müsse.
Die Zeit freier bürgerlicher Individuen, wie sie bei Schiller auf der Schaubühne erscheinen, ist vorbei. Der liberale Individualismus ist nicht mehr möglich. Wo trotzdem versucht wird, den alten Freiheitsmaximen zu folgen, geht es zu wie beim Grafen Übelohe in der »Ehe des Herrn Mississippi« oder beim Bildhauer Stiller in *Max Frischs* gleichnamigem Roman. Aber die marxistische Lösung Brechts wird gleichfalls negiert. Der Rückweg in die Welt bürgerlicher Individualitäten aus der liberalen kapitalistischen Ära ist versperrt. O Heimat süß und hold. Die Heimat heißt Güllen. Oder Andorra. Sie heißt nicht mehr Seldwyla. Warum das so kam, mag einer beim einstigen Chronisten von Seldwyla nachlesen, im »Martin Salander«, dem großartigen und bitterbösen Roman des späten Gottfried Keller, der geschrieben wurde am Vorabend einer Ära des Monopolismus. Wenn sich aber Seldwyla in Güllen verwandelte, so ist die Rückkehr nach Seldwyla nicht mehr möglich, und wenn der Weg Brechts gleichfalls versperrt erscheint, so ist Tragik in der Tat ausgeschlossen, denn sie setzt Ideen voraus, die imstande wären, zur materiellen Gewalt zu werden. Wird beides abgelehnt, dann allerdings gibt es wirklich keine Möglichkeit einer optimistischen Tragödie. Übrig bleiben bloß noch die tragischen Komödien. Und die Pannen.

DÜRRENMATT IN JERUSALEM

Israel ist eine Konzeption gegen das Instinktive, sein Schicksal ist jenes des Menschen.
Friedrich Dürrenmatt

Friedrich Dürrenmatt ist im Augenblick nicht besonders berühmt. Der Verfasser jener unvergeßbaren »Panne«, der Parabeln vom Besuch der alten Dame, vom Engel, der nach Babylon kam, auch von den drei geistig gesunden Physikern im Irrenhaus hatte mit schwerer Krankheit zu kämpfen; dann mißlangen ein paar Arbeiten. Nun war er, wie es die liebevolle Metapher neuerdings auszudrücken pflegt, »weg vom Fenster«. Der Staat Israel hingegen bleibt im Gespräch, aber da hat sich eine schroffe Wandlung vollzogen. Die »neueste Stimmung im Westen«, wie einer recht höhnisch solche Modeschwankungen benannte, trägt Israel nicht mehr: im doppelten Wortsinne.

Das war anders nach jenem Sechs-Tage-Krieg, als Freundschaftsreisen organisiert wurden und man nach der Rückkehr die Photos aus den Kibuzzim herumzeigte. Mit dem Jom-Kippur-Krieg, der bloß ein Unentschieden erbrachte, wechselte die intellektuelle Mode. Sie hatte sich folglich wieder einmal an den jeweiligen Machtverhältnissen orientiert. Die neuesten Stimmungen im Westen bevorzugen immer noch gemäß der einstigen Formel von Thomas Mann, eine geistige Haltung der »machtgeschützten Innerlichkeit«.

Das neueste Buch von Friedrich Dürrenmatt[1] präsentiert sich also, was den Verfasser und sein Thema betrifft, nahezu

1 Friedrich Dürrenmatt: Zusammenhänge. Essay über Israel. Eine Konzeption. Zürich 1976.

als »unzeitgemäße Betrachtung«. Dieser »Essay über Israel« möchte den Lesern klarmachen, daß es im Grunde bei allen Debatten über den sogenannten »Nahen Osten« nicht um diesen besonderen Staat geht, sondern um uns: »Dem Kampf einen Sinn zu geben, ist leicht, weil wir uns vorlügen, dieser Sinn des Kämpfens liege im Frieden; mit dieser Lüge legen wir den Sinn in ein Ziel außer uns, wir legen es in unseren Gegner und damit ins Unerreichbare, denn auch wenn wir den Gegner erlegen, steht gegen uns ein neuer Gegner auf, den erlegten zu rächen, den wir, um nicht seiner Rache zu erliegen, wieder erlegen müssen: So schieben wir den Frieden vor uns her, statt ihn zu erreichen. Friede wäre nur dann, wenn wir in uns selbst den Sinn sähen, dann erst würde der Gegner als eine Konzeption von uns selbst begriffen und wäre kein Gegner mehr; so wie es vielleicht nur eine Erkenntnis der Welt gibt, wenn sie als eine menschliche Konzeption einer Welt begriffen wird, die an sich nicht konzipiert wurde, sondern *ist*, gleichgültig, wie ich diese Welt an sich auch nenne.«

Die Zeiten eines ephemeren Philozionismus sind vorbei. Man wird noch einmal genauer von der Konstellation sprechen müssen, gegen welche Dürrenmatt anschreiben möchte. Die Auseinandersetzung mit dem Zionismus ist nicht allein ein Thema für Philosemiten und Antisemiten, sondern für die jüdische Existenz selbst. Es gibt die schroffe Ablehnung eines Judenstaats durch Juden zugunsten des unerschütterlichen Vertrauens auf die Möglichkeit, mit Hilfe von vernünftiger Aufklärung und Assimilation die Gegensätze zwischen Juden und Nichtjuden einzuebnen. Es gibt den jüdischen »Selbsthaß«, wie Theodor Lessing das zuerst genannt hat, und es gibt, geboren aus praktischer Erfahrung und tiefer Skepsis an der bürgerlichen Aufklärung, die zionistische Gegenbewegung. Berühmte Antithesen in Fülle. Im Briefwechsel, den Sigmund Freud in seiner letzten Lebenszeit mit dem in Haifa lebenden Arnold Zweig führte, wird ein schroffer Antizionismus verkündet. Arnold Zweig selbst ist nicht in Israel gestorben, sondern in Ostberlin. Da ist das zornige Wort von Ernst Bloch: »Ich bin kein Martin Buber!« Das Schwanken Kafkas gegenüber dem zionistischen Werben seines Freundes Max Brod. Ähnlich zaudert Walter Benjamin vor dem Zuspruch seines Freundes Gerhard (Gershom) Scholem. Zwiespalt bei Paul Celan und Nelly Sachs.

Es gab unter der Weimarer Republik den entschiedenen Antizionismus der deutsch-bürgerlichen Assimilanten im »Central-Verein deutscher Staatsbürger jüdischen Glaubens«. Es gab auch schlagende Studentenverbindungen der deutschen Juden. Der Rechtsanwalt Kaul in Ostberlin gehörte dazu, und es ist nur folgerichtig, wenn er heute, gemeinsam mit seiner Regierungsdoktrin, den israelischen »Imperialismus« brandmarkt. Der Jude Erich Fried schreibt Gedichte gegen Israel. Cohn-Bendit bei Arafat: wäre das so ganz undenkbar?

Zu diesem Prozeß einer tiefen geistigen Verstörung werden immer wieder auch in Israel selbst neue Prozeßdokumente zu neuer Verwirrung geliefert. Wie konnte man glauben, der totalitäre Freund-Feind-Dezisionismus hätte ausgerechnet diesen Staat Israel verschont? Die Aktionen gegen Günter Graß bei seinem Besuch vor einigen Jahren waren durch Vernunft nicht zu erklären. Da wirkte sich, emotional längst nicht mehr zu rechtfertigen, eine bürokratisierte und auf Sparflamme weiterkochende Deutschenfeindschaft aus.

Dürrenmatt macht sich nichts vor. Als Schriftsteller kennt

er seine Leser, als Stückeschreiber auch die Erwartungen eines zeitgenössischen Publikums: »Schämte man sich nach dem Zweiten Weltkrieg, Antisemit zu sein, wurde man mit Stolz nach dem Sechstagekrieg Philosemit, wagt man nun erleichtert nach dem Jom-Kippur-Krieg, Antizionist zu werden. Kein Mensch ist heute mehr Antisemit, man versteht nur die Araber.«

Dürrenmatts Buch, eigentlich ein Riesenessay von 240 Seiten, gibt sich als Bericht über eine zwar nicht durch äußere Zwischenfälle, aber durch inneren Zweifel, sogar Widerwillen, verzerrte Vortragsreise eines Schriftstellers im Staate Israel. Man hatte es sich einfacher vorgestellt. Sympathie für die Welt des Alten Testaments war seit der Kindheit im Bernischen Pfarrhaus aufgespeichert worden. Man hatte jüdische Freunde, und auch an Sympathie für diesen jungen Staat der Juden in Palästina fehlte es nicht. Die Einladung war willkommen, dreimal eine freundliche Rede zu halten: nicht über Literatur und Theaterprobleme, denn die hielt Dürrenmatt in solchem Zusammenhang fast für geschmacklos, sondern über Juden und Nichtjuden, über einen Schweizer Autor und seine mutmaßlichen Zuhörer in Jerusalem, Haifa und Beerschewa.

Gleich bei der Ankunft breitet sich Fremdheit aus bei aller Freundlichkeit des Empfangs. Die mitgebrachte Rede, am Neuenburger See entworfen, stimmt nicht und bedarf einer Vorrede. Nach dem ersten Erproben genügt auch die Vorrede nicht mehr, man muß den Redetext umschreiben. Auch der wirkt ohnmächtig und unangemessen vor und neben dem Erlebten. Nichts ist ganz falsch, also trifft nichts die Sache. Nun schreibt man in aller Hast noch Zusätze. Einmal haben die Zuhörer eine Weile zu warten, denn Dürrenmatt sitzt noch in einem Zimmer und schreibt.

Was immer von neuem mißlingt, ist der Schluß der Rede, also der von herkömmlicher Rhetorik geforderte »positive Ausblick«. In der Wüstenstadt Beerschewa, umgeben von den Zelten der Beduinen, begreift Dürrenmatt plötzlich, warum dieser Schluß nicht gefunden wurde: »Weil er mir nicht zukam«. Man schließt mit irgendeinem ehrlich gemeinten Wort, mit dem Begriff der »Tapferkeit«, und ist tief verstört. Nach Abschluß der Vortragsabende bleibt das Ehepaar Dürrenmatt noch Gast der Regierung. Man wohnt in Jerusalem, im Gästehaus des Staates Israel.
Dürrenmatt in Jerusalem: das ergibt eine Fülle von Erfahrungen, die immer wieder jedoch neue Fremdheit bewirken, wenngleich durchaus kein Befremden. Beim Rückflug nach Zürich kommen die Gedanken des Reisenden, neben dem der israelische Generalstaatsanwalt sitzt, der gleichfalls nach Zürich fliegt, von dem mißglückten, nämlich »unzuständigen« Redetext nicht los. Daheim entsteht ein neuer Text, der immer noch als Rede konzipiert wird mit ausdrücklicher Ansprache vorgestellter Zuhörer. Dürrenmatt hat den Mut, gegen jenen rhetorischen Abschluß in Beerschewa anzuschreiben, indem er ihn wörtlich zitiert und gleich weiterschreibend zurücknimmt: »Damit wäre schön zu schließen, und damit habe ich meine Rede in Beerschewa geschlossen, froh, zu einem Ende gekommen zu sein, wie man eben seiner Rede ein Ende setzt, irgendwie doch noch ins Positive geratend, ins Tröstliche, damit aber auch ins Groteske.«
Dieser neue Text mit dem dreifachen Titel: »Zusammenhänge. Essay über Israel. Eine Konzeption«, versteht sich mithin zunächst als Bericht über die Wechselwirkung zwischen einem Redekonzept, das aber, im Sinne von Dürrenmatts Terminologie, einer »Konzeption« entbehrte, und

dem Alltag des Staates Israel. Dürrenmatt formuliert es für sich so: »Es gibt Erkenntnisse, die deshalb spät kommen, weil sie Erlebnisse voraussetzen, denen wir im Erleben nicht gewachsen sind. Das Erlebnis Israels war ein solches.«

Das unbewältigte Erleben zwang den Heimgekehrten zur Nachholarbeit. Man hatte zu viel gesehen, was miteinander unvereinbar schien. Die Notwendigkeit eines Landes, das Freunde braucht, doch immer wieder, wie dieser Reisende bemerken muß, wenn er plötzlich allein herumgeht und nicht als Gast behütet wird, der Freundlichkeit entbehrt. Befremden inmitten der orthodoxen Talmudschüler in einer Tracht des 18. Jahrhunderts, die man nicht ansprechen kann, und die den Staat Israel negieren, weil er auch ohne Wiederkehr des Messias als Judenstaat gegründet wurde. Man ist beim Staatspräsidenten zu Gast, aber daraus wird das ganz Unübliche. Der Präsident spricht von seinem Bruder, der bei jenem Massenmord auf dem Flughafen Lod ums Leben kam, als drei importierte Japaner in die Menge schossen. Die Frau des Präsidenten weint. Im Flugzeug spricht Dürrenmatt mit dem Generalstaatsanwalt über Adolf Eichmann in Jerusalem. Der habe sich bis zum Schluß als Gerechten und Unschuldigen empfunden. Ein Massenmörder sondergleichen, der davon überzeugt war, richtig gehandelt zu haben. Wie soll man dies alles für sich verstehbar machen, und den Anblick jener Jugendlichen, die für Arafat demonstrieren, darauf festgenommen und von ihren Eltern »verflucht« wurden?

Dürrenmatts »Essay über Israel« arbeitet mit einer disparaten Vielfalt der literarischen Methoden. Da ist der Bericht über eine Reise, worin das Erleben in Widerspruch geriet zu einer importierten Konzeption. Dürrenmatt versteht diesen

Vorgang grundsätzlich. Sein Buch ist aufgebaut auf dem Antagonismus zwischen »Existenz« und »Ideologie«. In einem philosophischen Exkurs, der zu schematisch skizziert wurde, wird dieser Konflikt reduziert auf den Gegensatz der Sache und der Sprache. Der Verfasser dieses Versuchs über Existenz und Ideologie mißtraut den Ideologien, weil er der Sprache mißtraut.

An entscheidender Stelle verrät sich auch der Stückeschreiber Dürrenmatt, wenn er bekennt, mitten im theologisch-politischen Traktat, daß sein eigenes Denken weitgehend »dramaturgisch« zu nennen sei. Der Dramatiker Dürrenmatt hatte von jeher dem klassischen Rezept mißtraut, die Gegensätze von Kunstfiguren als Dialog und Streitgespräch ablaufen zu lassen. Dürrenmatts Gestalten auf dem Theater sprechen nur, um eine wort- und sprachlose Situation des Konflikts verstehbar zu machen. Durch Sprache wird bei Dürrenmatt nichts bereinigt.

Weshalb er glaubt, für sein Verhalten an große Vorbilder anknüpfen zu können: an jüdische natürlich: »Erst mit der Erkenntnis, daß, was zur Sprache gebracht wird, auch bloß Sprache ist, wird das Ästhetische hinfällig, mehr noch, wenn die Sprache nur noch Sprache sein kann, wird alles hinfällig, wird jede Aussage unmöglich. Von dieser äußersten der denkbaren Konstellationen her, in der noch Sprache möglich ist, sind die letzten großen Juden Karl Kraus und Albert Einstein zu begreifen, ›letzte‹ insofern, als hier Endspiele stattfinden.«

Reisebericht und theologisch-politisches Traktat. Dazu ein ungemein fesselnd geschriebener und grausig-lustiger Geschichtsabriß über die arabische Welt. Dürrenmatt führt den arabischen Gegenspieler des Juden und des Judenstaates dramaturgisch ein: als Antagonisten. Aber wer ist hier, wie in der »Ehe des Herrn Mississippi«, der Idealist Übelohe und wer ist der terroristische Staatsanwalt Mississippi? Am Schluß dieser erzählten Schauerballade mit Namen Weltgeschichte personalisiert der referierende Dramatiker Dürrenmatt die Auseinandersetzungen mit Hilfe reiner Erzählkunst, durch Fiktion. Zwei Theologen aus einem märchenhaften Bagdad, die der Kalif zusammen ins Gefängnis werfen ließ. Der Kalif hat sich über den Interpreten des Koran geärgert und die Haft des Widersachers dadurch verschärft, daß er dem häretischen, aber gläubigen Moslem einen ebenso häretischen, aber gläubigen Juden in den Kerker schickte. Die Namen dieser beiden sind historisch: Abu Chanifa als Theologe des Islam, Anan ben David, in der jüdischen Theologie berüchtigt als Gegner des Talmud und Vorfechter für einen reinen und nicht kommentierten Bibeltext. Dürrenmatts Erzählung versteht sie als Brüder und Gefährten des Ursprungs. Auch bei dem Aufklärer Dürrenmatt, wie in »Nathan der Weise«, findet die eigentliche geistige Auseinandersetzung zwischen mosaischer und mohammedanischer Lehre statt. Das Christentum kommt in beiden Fällen nicht allzugut weg. Stärker als in all seinen anderen Werken präsentiert sich Dürrenmatt in diesem Versuch über Israel als dialektischer Theologe und Schüler von Karl Barth.

Das dramaturgische Spiel und Gegenspiel zwischen jüdischer und arabischer Tradition dient jedoch einer tiefernsten Sache. Es entstrebt den Ideologien, weil es um die Existenz des Staates Israel geht. Dürrenmatts Bemühung um die historischen, philosophischen und theologischen *Zusammenhänge* hat ein einziges Ziel: *Die Notwendigkeit des Staates Israel zu beweisen:* »Ich, der ich sonst für keinen Staat besonders denke und über den Nationalismus ausgesprochen bösartig, stehe für Israel ein, weil ich diesen Staat für notwendig halte.«

Worauf aber kann sich diese Notwendigkeit gründen? Auf Erfahrung der Geschichte natürlich, auf Auschwitz, damit auf die Möglichkeit einer Wiederholung von Auschwitz. Dürrenmatt nennt es den »Grund der schrecklichen Unzulänglichkeit dieser Welt« und setzt hinzu: »Einen erhabeneren Grund, einen Staat zu gründen, mag es geben, einen notwendigeren nicht.« Das ist ein logischer Schluß, der unbefriedigend bleibt. Vor allem deshalb, weil die zionistische Ideologie und die Existenz des Staates Israel nur obenhin zusammenpassen, was bei der Erfahrung mit den Taldmudschülern in Jerusalem evident wurde. Dürrenmatts Verzicht auf Argumentation zugunsten der gewordenen Realität verhindert ihn daran, seine These von der Notwendigkeit dieses Staates wirklich zu beweisen. Seine Argumentation läuft auf den gefährlichen juristischen Begriff einer »normativen Kraft des Faktischen« hinaus, wie das der Staatsrechtslehrer Georg Jellinek genannt hat, ein Jude übrigens. Allein neue faktische Zustände vermögen dann gleichzeitig neue Normierungen zu setzen. Das weiß Arafat, und Dürrenmatt weiß es auch.

Mit Recht hat Dürrenmatt andererseits erkannt, daß der Staat Israel einen Sonderfall bedeutet. Jüdische Geschichte war eine solche der Außenseiter in aller Diaspora. Auch der Staat Israel ist als Staat ein Außenseiter. Dialektik der Aufklärung, die Dürrenmatt in seinem »Essay über Israel« ausdrücklich verkündet, muß auch die existentielle Möglichkeit dieses institutionellen Außenseitertums eben aus seiner Sonderexistenz rechtfertigen. Das aber verlangt die *Partnerbeziehung*. Aufklärung bewährt sich vor den Außenseitern nur dann, wenn sie den Außenseiter unter Anerkennung aller Besonderheiten, nicht also mit Hilfe von Planierung, in die Gesellschaft zu integrieren sucht. Beim Außenseiterstaat Israel ist das ohne den aufgeklärten Kompromiß mit den Palästinensern, wie Dürrenmatt erkennt, nicht zu erreichen. Auch im Falle der Palästinenser waltet Dialektik, wie Dürrenmatt zu zeigen sucht: »Sie hatten nie einen Staat. Sie haben nie gehabt, was sie jetzt wollen auf Grund dessen, was die Juden wollten, weil diese es mußten: einen Staat, und was die Palästinenser jetzt haben, wollen sie nicht, denn es ist nichts, was sie haben.«

In der Tat bedeutete ein Verschwinden Israels gleichzeitig wohl auch eine Restauration dieses Zustands für die Palästinenser. Sie würden dann abermals zugeteilt als Syrer, Ägypter oder Jordanier. Dürrenmatt formuliert dialektisch sehr scharf: »Ihre Existenz ist nur durch die Existenz Israels möglich, geht Israel unter, ist es ihr Untergang.« Das ist aber ein Spiel mit dem Wort »Untergang«. Für die Juden bedeutet das Wort zugleich den physischen Tod; für ihre arabischen Gegenspieler und virtuellen Partner hingegen einen – je nachdem – staatsrechtlichen oder völkerrechtlichen Status.

Friedrich Dürrenmatt sieht es im Ergebnis von Erfahrung und Erforschung der Zusammenhänge in Form einer möglichen Konzeption: »Die Existenz des jüdischen Staates bekommt damit den politischen Sinn, den Palästinensern zu ihrem Recht zu verhelfen: zu ihrem Staat. So klein dieser Landstrich ist, den wir Palästina nennen, ein Nichts auf dem Globus, er hat Platz für zwei Staaten, wie er Platz für viele Kulturen hat. Das setzt voraus, daß die Palästinenser den jüdischen Staat anerkennen und die Juden den palästinensischen. Mit Jerusalem als beider Hauptstadt, aber dennoch ungetrennt. Das scheint utopisch.

Man könnte noch von den Gags sprechen, die sich der Schriftsteller Dürrenmatt niemals entgehen läßt. Wenn er etwa den Dschingis Khan als »Vollprofi in Welteroberei« bezeichnet oder formuliert: »Die Sowjetunion geht ihrem Beruf als Weltmacht nach«. Bis hin zur Farce: »Vor der Uno hat Arafat schon recht bekommen, nächstens wird die Meinhof dort sprechen.«

Es ist nicht zum Lachen, am wenigsten für Friedrich Dürrenmatt, der in Israel reiste und mit dem Erleben nicht fertig wird. Dies ist keine Gelegenheitsarbeit eines bedeutenden Schriftstellers. Alle Grundthemen des Dramatikers, Erzählers und Dramaturgen werden mitverarbeitet. Dieser »Essay über Israel« gehört ebenso zum ganzen Dürrenmatt, wie die »Betrachtungen eines Unpolitischen« den ganzen Thomas Mann repräsentiert hatten, und Sartres »Betrachtungen zur Judenfrage« den ganzen Sartre.

Als Sartre seine Reflexionen schrieb, unmittelbar nach dem Ende eines Weltkriegs (1946), gab es den Staat Israel noch nicht. Trotzdem behandelte auch Sartre das Problem als Frage der jüdischen Existenz, und nicht allein der jüdischen. Jegliche Existenz sei bedroht, wenn die des Juden als Juden nicht sicher sei. Auch Dürrenmatt ist in der Argumentation nicht viel weiter gekommen. Auch er versteht den Vorgang als Existenzfrage nicht eines Staates, sondern als allgemeinen Existenzkonflikt. Auch bei ihm läuft es von neuem hinaus auf die Ringparabel von Gotthold Ephraim Lessing. Allein der weise Nathan von heute präsentiert sich nicht mehr als Einzelfall des Juden von Bildung und Besitz, sondern als Staat. Und die arabische Gegenwelt besitzt nicht die Macht eines Sultans, sondern lebt die haßerfüllte Existenz einer arabischen Diaspora. Auch Dürrenmatts Versuch endet, wie bei Lessing, als Parabel im Märchentum: als Versöhnung des Abu Chanifa und des Anan ben David, weil »beider Eigentum ... die Freiheit des einen und die Freiheit des anderen ist.« Allein diese Freiheit ist, in Dürrenmatts Parabel, die Freiheit im gemeinsamen Kerker.

DRAMATURGIE OHNE DRAMA

Wer ein Stück schreibt, schießt sich selber ab.
Friedrich Dürrenmatt

Sein Theaterstück »Der Mitmacher«[1] wird von Dürrenmatt nach wie vor, mit der für ihn üblichen Gattungsbezeichnung, als »Komödie« vorgestellt. Jener berühmte Satz aus dem Essay »Theaterprobleme« von 1955 gilt also weiter: wonach unsere Zeit unfähig geworden sei einer tragischen Erschütterung. Uns komme nur noch die Komödie bei.

Der Text dieser Komödie umfaßt 70 Seiten eines Buches, das auf Seite 288 zu Ende ist. Mehr als 200 Seiten werden folglich einem Epilogisieren gewidmet, das Dürrenmatt selbst im Untertitel als »Komplex« vorstellt. Er spricht, in einem Untertitel des Untertitels, von »Erfahrungen, Berichten, Erzählungen«. Ein Theaterstück mithin samt umfangreichem Kommentar. Daß beides zueinander gehören soll, ist offensichtlich. Man wird Dürrenmatts Komposition nur dann richtig verstehen, wenn man das Buch in seiner Grundfolge: Komödie, Nachwort, Nachwort des Nachworts, als gedankliche Einheit interpretiert. Im Gegensatz also, um ein scheinbar naheliegendes Beispiel zu zitieren, zu Shaw, der zwar gleichfalls seinen Stücken sehr lange Nachworte beigab, jedoch in diesen Nachworten nicht selten auf den eigentlichen Text des jeweiligen Stücks nur kurz einzugehen pflegte, wenn überhaupt. Dann handelte es sich für Shaw um Gedanken, die durch sein Stück ausgelöst worden waren, nicht aber um Kommentar und Interpretation des Dramas.

1 Friedrich Dürrenmatt: Der Mitmacher. Ein Komplex. Text der Komödie. Dramaturgie. Erfahrungen. Berichte. Erzählungen. Zürich 1976.

Bei Dürrenmatt hingegen muß man die 200 Seiten dramaturgischer Betrachtungen als Kommentar eben dieser Komödie vom Mitmacher verstehen. Übrigens ist auch diese auf den ersten Blick so wunderliche Zusammenstellung eines Textes der Einbildungskraft mit einem anderen des literarischen Diskurses durchaus nicht ungewöhnlich. Das gab es schon in der deutschen Klassik und Romantik, unter anderem bei Goethe.
Die wirkliche Divergenz zwischen Dürrenmatts literarischem Konzept in Sachen »Der Mitmacher« und seinen möglichen Vorgängern besteht darin, daß früher – von Goethe bis Shaw – ein bedeutender poetischer Text zusammen mit einem bemerkenswerten essayistischen Begleittext vom Autor vorgelegt wurde. Musterbeispiel: die »Heilige Johanna« mit ihrem berühmten Nachwort.
Im Falle Dürrenmatts hingegen ist der eigentliche Komödientext, daran ist nicht zu zweifeln, als Theaterstück mißlungen. Die beiden Aufführungen in Zürich und in Mannheim, wobei in Mannheim der Autor selbst inszenierte, fielen durch. Ein Mißerfolg auf dem Theater, ganz ohne Frage. Was soll folglich der Kommentar von 200 Seiten bewirken? Versuch einer künstlichen Beatmung? Requiem auf ein durchgefallenes Stück? Die Komik der Situation ist einem abgefeimten Theatermann wie Dürrenmatt selbstverständlich nicht entgangen.
Er schreibt also: »Das Folgende ist daher nicht als Verteidigung eines durchgefallenen Stückes konzipiert, als solche wäre es lächerlich, der beste Kommentar macht ein Stück nicht besser. Es stellt den gedanklichen Hintergrund dar, der zu diesem Stück führte, an Hand des Stücks.«
Hat man das Buch gelesen, das den Schriftsteller und Räsoneur Dürrenmatt auf der Höhe seines Könnens zeigt: in ei-

ner Mischung von Erzählung, theologischer Spekulation und dramaturgischer Reflexion, so ist alles faszinierend, was Dürrenmatt aus Anlaß des mißglückten Stückes zu sagen hat. Mehr noch: man wird in diesem Buch eine sehr persönliche Weltauffassung des Schreibenden entdecken können. Während sonst der Dramatiker der »Physiker« oder des »Meteor« das eigentliche Subjekt hinter der Objektivität seiner dramaturgischen Weltmodelle verschwinden ließ, wird diesmal der Schriftsteller, Mitmensch und folglich auch »Mitmacher« F.D. ausdrücklich einbezogen. Das neue Buch ist Zeugnis der geistigen Selbstdarstellung und der dramaturgischen Ortung unserer Gegenwart. Nur: die Komödie selbst vom Mitmacher ist ein mißglücktes Stück. Dürrenmatt scheint es registriert zu haben.

Die Gründe für den Mißerfolg des Theaterstücks sind rasch aufgezählt. Das böse Wort von einer »Resteverwertung« der früheren und erfolgreichen Theaterstücke dieses Autors mag übertrieben sein: ganz kann man einer solchen Formel nicht widersprechen. Das Mördersyndikat, wo jeweils ein Partner dem anderen nach dem Leben trachtet, so daß am Schluß der Komödie, abgesehen von ein paar Randfiguren, nur noch eine Hauptgestalt des Stückes übrig bleibt, während alle übrigen gemordet und mit Hilfe eines vom einzig Überlebenden ausgedachten chemischen Prozesses »verflüssigt« wurden, ist schon früher bei Dürrenmatt auf der Bühne praktiziert worden. Bei der Gangstergeschichte von »Frank V.«, im Grunde auch im »Meteor«, wo der einzige, der wirklich sterben will, boshafterweise am Leben bleibt, während alle lebensgierigen Gegenspieler nach und nach umkommen. Dürrenmatt legt diesmal sogar Wert darauf, die Anklänge und Nachklänge selbst hervorzuheben. Er weist hin auf Parallelen zu seinem Dialog »Nächtliches Gespräch« zwischen Opfer und Henker; auf die Gestalt seines Romulus, auf »Ein Engel kommt nach Babylon«, natürlich auch auf die »Physiker«. Merkwürdigerweise wird der »Besuch der alten Dame« ausgespart.

Der Leichenhaufen am Schluß des »Mitmachers«, der bloß deshalb nicht die Bühne bedeckt, weil die Vernichtungstechnik inzwischen Fortschritte machte, hat unmittelbare Beziehung zu Dürrenmatts Bearbeitung des Schauerstücks »Titus Andronicus« von Shakespeare. Soll man also, um bei Shakespeare zu bleiben, mit Hamlet konstatieren, daß die warme Küche der früheren Komödien Friedrich Dürrenmatts in Form eines kalten Buffets im »Mitmacher« wiederkehrt?

Man hat im Gegenteil den Eindruck, daß Dürrenmatts heutige Dramaturgie insgeheim entschlossen ist, das eigene Drama zu vertilgen: die neue Komödie und indirekt sogar das frühere Werk. Es ist eine totale Zurücknahme der eigenen früheren Arbeiten beabsichtigt. Der Verfasser der neuen Komödie interessiert sich nicht mehr für einzelne Schicksale, sogar nicht einmal mehr in Form einer stellvertretenden, typischen Repräsentation menschlicher Beziehungen. Die Individualität seiner Figuren hatte der Stückeschreiber Dürrenmatt niemals sehr weit getrieben. Gleich den Expressionisten liebte er die Zuordnung seiner Figuren zu philosophischen und gesellschaftlichen Positionen. Dennoch besaßen Staatsanwalt Mississippi und Physiker Möbius jene individuelle Eigenart, die allein dem Schauspieler die Möglichkeit gibt, auf der Bühne eine interessierende Figur vorzustellen. Im »Mitmacher« hingegen heißt der Gangsterboß einfach Boß, der Intellektuelle heißt Doc, der verfolgende Polizist, der dann selbst das Mördersyndikat übernimmt, heißt Cop. Damit hat der Dramatiker diesen

Figuren nichts belassen als ihre – recht simple – Funktionalität. Was kann sich zwischen ihnen demnach noch abspielen? Wer wen schließlich umbringt, wobei sogar die Mordart normiert wurde, bleibt gleichgültig. Man kann die Leichen beim Lesen abhaken.

Auch die nicht in Handlung umgesetzten, sondern beredeten sozialen Antithesen sind für Dürrenmatt nichts als Arbeitsmaterial. Die märchenhafte Geschichte aus dem »Besuch der alten Dame«, wonach eine Dirne den reichsten Mann der Welt heiratet und nun die Welt beherrschen kann, wird repetiert. Der junge Bill, Sohn dieser reichen Erbin und Sohn des intellektuellen Chemikers Doc, ist hier der reichste Mann Amerikas, und ein Anarchist, der die Welt seines Reichtums vernichten möchte. Das Amerika des Stückes meint übrigens kaum ein reales Chikago. Das Stück spielt nicht in irgendeiner zeitgenössischen Wirklichkeit, sondern in einer Horrorwelt der Gangsterfilme und Comics. James Bond aber würde auf jeder Bühne eine miserable Figur abgeben.

In seinem 1976 erschienenen Buch »Zusammenhänge. Essay über Israel. Eine Konzeption«, das im Aufbau viel Ähnlichkeit aufweist mit dem neuen Komplex um die Mitmacher-Komödie, was Dürrenmatt auch selbst unterstrichen hat, war davon die Rede, alles Räsonieren des Autors stelle sich, im Selbstverständnis, als ein »dramaturgisches Denken« dar. Im Essay über Israel bildete eine mißglückte Rede den Ausgangspunkt von Betrachtungen und Erzählungen. Die Rede selbst war mißglückt und wurde auch entsprechend bewertet. Diesmal bildet ein mißglücktes Theaterstück den Ausgangspunkt für dramaturgische Betrachtungen. Das aber wird eine Dramaturgie ohne Drama.

Eigentlich handelt es sich auch nicht um dramaturgische Betrachtungen, sondern um theologische. Freilich um eine Theologie ohne Gott. Auch dies ist bei dem von der dialektischen Theologie Karl Barths faszinierten Dürrenmatt nicht neu. Die Welt im »Mitmacher« ist eine folgerichtige Steigerung aus den früheren dramaturgischen Bemühungen dieses Autors. Das Grundprinzip wird diesmal wie folgt formuliert: »Läßt doch die Behauptung, Gott sei die Liebe, keinen anderen Schluß als jenen zu, daß dieser Liebe Gottes wegen die Welt eine Hölle sei.« Im »Mitmacher« wird die Welt als Hölle dargestellt. Da gibt es nur Hölleninsassen, doch weder Spieler noch Gegenspieler. Allen geschieht es recht. Alle nämlich sind Mitmacher.

Was damit gemeint ist, unterscheidet sich bei dem Gegenklassiker Dürrenmatt grundsätzlich von aller früheren Dramatik, die mit einer Schuld und einer Sühne zu arbeiten pflegte. Das hatte der Dramaturg Dürrenmatt schon in den »Theaterproblemen« von 1955 abgelehnt. Wenn alle Mitmacher sind in der Hölle, läßt sich zwischen Schuld und Unschuld nichts mehr ausmachen. Alle agieren in einem höllischen Alltag, um keinen ist es schade. Auch nicht um den Mitmacher Doc, den Intellektuellen des Stücks, der überlebt und als einziger ein Bewußtsein seines Zustands zu besitzen scheint. Was sein Überleben und Mitwirken nicht heiterer macht.

Die Welt als metaphysischer Betriebsunfall. Friedrich Dürrenmatt kennt seine Gnostiker. Ohne daß es gesagt wird, muß man beim Lesen die Folgerung ziehen, daß auch Gott als Schöpfer dieser Welthölle ein Mitmacher war und blieb.

Wie hat Dürrenmatt je damit rechnen können, daß dieses Denken, das sich als Komödie kristallisierte, ohne sich darin zu erfüllen, zu irgendeinem Einverständnis mit Zu-

schauern gelangen könnte, ohne welches weder Theatererfolg noch denkerische Wirkung möglich sind?
An einer Stelle des sehr aufregenden Nachworts gibt Dürrenmatt sogar den Vorwand des dramaturgischen Denkens auf, um unmittelbar von sich selbst zu sprechen. Er teilt mit, alle Gestalten, die früher im Werk auftraten, fast immer »von der Wildheit her bestimmt«, seien in die neue Komödie in aller Bewußtheit übernommen worden: »Sie sind meine Träume, in denen wieder ein Motiv auftaucht, unerbittlich, ein einziges bloß: die Möglichkeit, an die ich glaube, an die ich mich anklammere, die Möglichkeit, auch ein Einzelner zu werden, die Möglichkeit der Freiheit.«
Es ist der Aufschrei aus dem »Kriegslied« des Matthias Claudius. Es sei – leider – Krieg, »und ich begehre, nicht schuld daran zu sein«. Dürrenmatt möchte als einziger der Rolle des Mitmachers entgehen. Da die Welt als Hölle und ohne Gott aber nur ein Mitmachen zuläßt, bedeutet ein solcher Wunsch nach dem Nicht-mehr-Mitmachen gleichzeitig die Sehnsucht nach dem Nicht-mehr-Sein.

DER METEOR

Gedenkworte auf Friedrich Dürrenmatt

Gesprochen am 6. Januar 1991 im Schauspielhaus Zürich

Auf den siebzigsten Geburtstag am 5. Januar 1991 hatte man sich gefreut. Nun wurde daraus eine Gedenkfeier. Wie also soll man von ihm sprechen? Eines scheint mir sicher zu sein: er hätte sich sowohl die literarische Würdigung verbeten wie die Trauerrede. Über beides, damit muß man rechnen, hätte er sich schallend lustig gemacht.

Wohl mit Recht. Was soll hier die literarische Würdigung, die feinsinnig unterscheidet zwischen dem frühen, dem mittleren und dem späten Dürrenmatt. Friedrich Dürrenmatt: das ist *Weltliteratur in unserem zwanzigsten Jahrhundert:* eine schöpferische Totalität, worin das Versuchshafte genauso seine Stelle hat wie das heute bereits klassische Werk. Die Welt außerhalb deutscher Sprachgrenzen hat dieses Phänomen vielleicht früher und genauer verstanden als die literarische Zunft, die stets versucht hat, diesen großen Irrläufer einzuordnen. Über diesen Berner und sein weltliterarisches Schaffen (im weitesten Verstande) wird es noch viele Arbeiten in vielen Sprachen geben: Essays und Dissertationen und Habilitationsschriften. Da darf man unbesorgt sein.

Und die *Trauerrede?* Die hat er sich selbst – und unübertreffbar – längst bereits gehalten. Hier an dieser Stelle, auf dieser Bühne des Zürcher Schauspielhauses. Das war am 15. November 1964 und trug den Titel »Totenrede auf Kurt Hirschfeld«. Wer sie heute nachliest, wird sogleich erkennen: da spricht einer auch von und für sich selbst. Doch es steckt noch mehr darin: es wird die Unmöglichkeit der Trauer behauptet. Da lesen wir: »Die Trauerfeier, die wir hier veranstalten, erreicht den Toten nicht mehr, er hat uns verlassen, seine Loge ist leer... wir kommen zu spät, die Feier fällt nur auf uns zurück... wir betrauern nur uns, nicht ihn...«

Das ist mehr und anderes als die bekannte »Unfähigkeit zu trauern«. Alexander Mitscherlich war Psychologe und Psychoanalytiker. Er meinte den heutigen Menschen und seine seelische Verödung. Dürrenmatt ist Philosoph, was bei ihm stets auch geheißen hat: *ein Theologe jenseits der Theologien.* Seine Totenrede auf den Freund und Theatermann Kurt Hirschfeld spricht von der Existenz, der condition humaine.

Sind Tod und Sterben ein Anlaß für Trauer? Von dieser Frage kam Dürrenmatt niemals los. Sie durchzieht sein gesamtes Werk: von den kafkaesken frühen Erzählungen und den Wiedertäufern der Historienparabel »Es steht geschrieben« bis zu den späten Reflexionen über den Minotaurus. Dürrenmatt suchte die Antwort auf zwei Ebenen. Eine philosophische und eine historisch-soziologische. Dieser scheinbare Verächter der Geschichte, der die historischen Puppen tanzen läßt in der Komödie »Achterloo«, kam nicht los von der Geschichtsphilosophie. Der Politiker Dürrenmatt kann nur von dieser Antinomie her verstanden werden. Er meinte stets weit mehr als den unmittelbaren Anlaß seines Zornes.

Was ist mehr zu betrauern: das Sterben oder das Leben? Dieses Grundmuster seines Denkens wurde mir plötzlich, und jäh, deutlich bei einer Begegnung, von der ich hier berichten darf, weil es ein anderer nicht berichten könnte. Ort der Begegnung: das Schauspielhaus Zürich, und zwar nicht die Bühne, sondern der Zuschauerraum. Parkett rechts, hintere Reihen. Die Zeit: ein eiskalter Januarmorgen des Jahres 1966. Ungeheizter Zuschauerraum, kurz vor dem Beginn der Hauptprobe zur Komödie »Der Meteor«, deren Uraufführung am 10. Januar 1966 stattfand.

Ich war um ein Fernsehgespräch mit dem Autor gebeten worden. Die Herfahrt im vereisten Eisenbahnzug, wo nicht einmal ein Kaffee zu erhalten war, wirkte wie von Dürrenmatt inszeniert. In Zürich überreicht man mir den streng sekretierten Bühnentext. Den las ich noch in der Nacht. Am Morgen sitzen wir nebeneinander auf zwei Parkettplätzen. Die Scheinwerfer. Ich hatte mir die wichtigste Frage genau überlegt. Der Stückeschreiber sollte überrascht werden, er sollte »denken« müssen, was er so liebte.

Dann die Frage: »Herr Dürrenmatt, Sie haben immer wieder die These verkündet, daß eine Geschichte erst dann zu Ende erzählt ist, ›wenn sie die schlimmst-mögliche Wendung genommen hat‹.« Dürrenmatt stimmt zu.

Nun meine Frage: »Gilt das auch für die Komödie vom Meteor?« Auf dem Fernsehschirm sah man später, daß Dürrenmatt stutzte, nachdachte, dann hatte er es, blitzschnell: »Ja natürlich, denn der Mann bleibt ja am Leben ...«

Der Meteor, ein Großschriftsteller namens Schwitter, will nur eines noch: friedlich sterben. Um ihn her wird reihenweise gestorben. Nur bei ihm klappt es nicht.

Es wäre, wir mir scheint, ganz falsch, in dieser Antwort, die durchaus ernstgemeint war, auch wenn wir beide darüber lachten, etwas von philosophischem Pessimismus entdekken zu wollen. Dürrenmatts dialektische Theologie hielt es nicht mit Arthur Schopenhauer. Dessen Maxime »Geh an der Welt vorüber, es ist nichts«, war nichts für den Pfarrerssohn aus Konolfingen. Zu stark rumorte in ihm der Weltwille. Der Autor von zwei Fassungen der Komödie »Ein Engel kommt nach Babylon«, die Dürrenmatt besonders gern hatte, war ein Wiedertäufer, ein Querdenker, ein Spielverderber, doch niemals ein Aussteiger. Kein Eremit oder Säulenheiliger. Dann eher Hiob, der mit Gott hadert.

Warum also bedeutet das Weiterleben des Schriftstellers Schwitter, des Meteors, die schlimmstmögliche Wendung? Ich würde sagen: weil man den sterbensbereiten Großschriftsteller Schwitter, der sein ganzes Vermögen im kleinen Öfchen verbrennt, daran hindert, wenigstens im Sterben zu sich selbst zu finden. Nicht manipuliert zu werden durch die Medien, die ungläubigen Sucher nach einem Guru, die von Auferstehung schwatzen, wo bloß eine Fehldiagnose vorlag. Auch manipuliert natürlich durch Fans und Kritiker.

Der »eigene Tod«, den *Rilke* so lyrisch forderte, erweist sich in unserem Gesellschaftsleben als unmöglich. Wer weiterleben muß noch eine Weile, wie Schriftsteller Schwitter, lebt weiter nicht für sich, sondern für die Medien.

Eben darum gibt es für Dürrenmatt weder Trauerfeier noch Tragödie. Um dies zu unterstreichen, gibt der Stückeschreiber seinen Texten immer wieder den Untertitel »Eine Komödie«. Die Begründung kann man nachlesen in Dürrenmatts mit gutem Grund berühmt gewordenen Essay »Theaterprobleme« von 1955. Damals war er vierunddreißig und bereits als Meteor sichtbar geworden. Die Formulierungen sind berühmt und wurden immer wieder in der dramaturgischen Debatte erinnert: »Die Tragödie setzt Schuld, Maß, Übersicht, Verantwortung voraus. In der Wurstelei unseres Jahrhunderts, in diesem Kehraus der weißen Rasse, gibt es keine Schuldigen und keine Verantwortlichen mehr.«

So Dürrenmatt im Jahre 1955. Wir haben dafür inzwischen eine schlimme Redewendung gefunden. Man nennt es »menschliches Versagen«. Aber mit vielen Leichen im Gefolge. Ganz wie bei Dürrenmatt in »Frank der Fünfte« oder auch, in der Programmierung nach Fallen des Vorhangs, in den »Physikern«.

Weil es aber nur noch Wurstelei zu geben scheint und menschliches Versagen, statt der tragischen Schuld, darf Dürrenmatt konstatieren: »Schuld gibt es nur noch als persönliche Leistung, als religiöse Tat. Uns kommt nur noch die Komödie bei.«

Daher bloß noch Komödien. Die aber sind grausiger als der tragische Heroismus bei Sophokles, Racine oder bei Friedrich Schiller. Daran dachte der Dramaturg der »Alten Dame« von jeher, wenn er den Satz von der schlimmstmöglichen Wendung allen Geschehens formulierte. Er hat die These später ausdrücklich überakzentuiert, indem er hinzusetzte, die schlimmstmögliche Wendung sei die Wendung in die Komödie. Verstanden als die Wendung ins Unernste. *Ins nicht Ernstgenommene. Wessen? Des Sterbens.* Diesen Weg ist er auch als Stückeschreiber gegangen, selbst wenn es ein Holzweg war. So hat er das sehr ernste Schauspiel von den Wiedertäufern von Münster, das hier im Hause den Theaterskandal provozierte, gleich nach dem »Meteor« zur Komödie umfunktioniert. »Die Wiedertäufer« mit dem Untertitel »Eine Komödie in zwei Teilen«. Uraufführung an dieser Stelle am 16. März 1967. Ich sehe ihn noch vor mir, den geretteten Schurken dieser Komödie, den der Autor, um es überdeutlich zu machen, als Komödianten präsentiert. Dumm grinsend stand der untragische Held, Ernst Schröder hat ihn gespielt, gerettet und mit Aussicht auf schöne neue Rollen.

Der Bischof hatte das letzte Wort: »Diese unmenschliche Welt muß menschlicher werden. Aber wie? Aber wie?« Hier sprechen sie beide: der Verfasser schlimmer Komödien *und* der Theologe.

Warum hat sich Friedrich Dürrenmatt in seinem sechsten Lebensjahrzehnt, unseren achtziger Jahren, der Bühnenform immer stärker versagt, so daß ihm bloß noch die »Stoffe« als wichtig erschienen, nicht mehr deren dramaturgische Zubereitung? Die Antwort mancher Kritiker, der Stückeschreiber habe sich »ausgeschrieben«, halte ich für Unsinn. Alle späten Texte Dürrenmatts blitzen vor Gedankenschärfe und Sprachkraft. Vielleicht war es die Einsicht des *Moralisten*, daß Schuld, die als Schlamperei, Verantwortungslosigkeit, die als bloße Feigheit etikettiert wird, im Zuschauerraum nicht eine Rückkehr zum tragischen Schauer aus Mitleid und Furcht bewirkt, sondern mithilft, den Unernst unseres Lebens zu verstärken. Dieselbe Erfahrung hatte auch der späte *Bertolt Brecht* gemacht. Auch er schrieb keine Entlarvungsstücke mehr. Der kranke, immer mit dem plötzlichen Tod konfrontierte Dürrenmatt konnte nicht mehr, wie einst, über die eigenen Komödien lachen. Er fand Güllen nicht mehr zum Lachen. Wenn die Schuld als Schlamperei präsentiert wird, die Verantwortungslosigkeit als bloße Drückebergerei, der Verrat als Pragmatismus, wird es im Zuschauerraum keine Katharsis mehr geben aus Mitleid und Furcht, sondern – je nachdem – gute Unterhaltung oder Langeweile. Der Moralist bleibt auf der Strecke.
Dürrenmatt hat sich zuletzt immer stärker gegen den Welterfolg seiner »Alten Dame« gesperrt. Das macht: Er kannte Güllen zu gut, als daß er darüber noch hätte lachen können.

Es war wohl in den siebziger Jahren unseres Jahrhunderts, daß der Dramatiker Dürrenmatt den Komödien und überhaupt weitgehend allem Dialogischen entsagte. Seine »Stoffe« waren ihm wichtiger als alle Theatererfolge. Ohnehin hatte sich dieser lebensgierige Asket stets unbehaglich gefühlt in der Rolle des Großschriftstellers. Daher die Selbstpersiflage im »Meteor« oder in der herrlichen »Abendstunde im Spätherbst«. Er hat sich, ganz wie sein Meteor Schwitter, zurück nach der eigenen chaotischen Jugendzeit gesehnt. Der späte Bericht »Querfahrt«, unverkennbar autobiographisch, beginnt mit den Sätzen: »Im Frühling 1943 kehrte ich verwahrlost und krank von einer Stadt nach einer anderen zurück. Von Zürich nach Bern.«
Der späte Dürrenmatt sucht nach einer neuen Form nicht allein der eigenen Literatur, sondern der Existenz. Er möchte seine »Stoffe« nicht untergehen lassen, die er seit jener verwahrlosten Jugend mit sich trug. Die meisten von ihnen erwiesen sich ohnehin als »undramatisch«. Auch war dem Theater zu mißtrauen. Die schlimmstmögliche Wendung zur Komödie bedeutete gleichzeitig die *Entschärfung*. So fand er sich eine neue, episch-philosophische Form für die zweite große Arbeitsetappe.
Sie ist, das wird sich allmählich herumsprechen, an dichterischer Bedeutung den großen Theaterstücken sicher gleichwertig. So wie man auch zu erkennen beginnt, daß die schönen Krimis, die dieser Autor uns hinterließ, alles andere sind als nachlässig gelieferte Arbeiten zum Broterwerb. Ein Text wie »Der Richter und sein Henker« ist bester Dürrenmatt.
Was scheinbar bloß einen Wechsel der literarischen Gattung ankündigte, hat weit mehr bedeutet. Die neue Erzählform für die durchs Leben geschleppten Stoffe verwies den Er-

zähler zurück auf die eigene Subjektivität. Ein Erzähler mußte her. Der historisierenden Rahmenerzählung wie bei Storm oder Conrad Ferdinand Meyer mißtraute dieser Berner. Er wollte nicht Erinnerungen beschwören, sondern Welt von heute verstehen. So kommt es, daß diese »Stoffe« von I bis IX oft *autobiographisch* angelegt sind. Mit ihnen hat der Erzähler nicht allein die oft zynisch wirkende »Objektivität« seiner bösen Komödien aufgegeben, sondern tief bewegende Fragmente einer Autobiographie preisgegeben. Dieser subjektiv gewordene Dürrenmatt ist unwiderstehlich. Man wird – auch wenn das täuscht – ein vertrauter Gefährte des Erzählers. Man erfährt seine Zweifel wie seine Denk- und Leseerfahrungen. Meisterwerke der Literaturkritik fallen so nebenbei dabei ab: wenn Dürrenmatt auf zwei Seiten seinen jugendlichen Kampf zwischen Bewunderung und Ärger beschreibt als Leser des »Siebenkäs« von Jean Paul.

Im selben Maße wie der Autor solcher »Stoffe« immer subjektiver und persönlicher wird, erweist er sich gleichzeitig um so unverkennbarer als ein *schweizerischer* Schriftsteller. Das steht nicht im Widerspruch zu Dürrenmatts Bosheiten und Flüchen gegen das »eigene Land«. Dieser scheinbar verlorene Sohn aus dem bernischen Pfarrhaus kann mit der Redensart der »malaise suisse« nichts anfangen. Er meint auch nicht ein Gegenstück zum »Leiden an Deutschland« im Sinne von Thomas Mann. Dieser Autor meint stets die Welt und die Menschen. Er legt sich im Wortsinne an mit »Gott und der Welt«. Exemplifiziert an dem, was er am besten kennt: an den schweizerischen Lebensformen. Wäre dieser Schüler von Karl Barth in Dänemark zur Welt gekommen, man fände in seinem Werk die dänischen Haßobjekte eines Sören Kierkegaard.

Im Gegenteil. Gerade in seinem epischen Werk wandelt sich der Erzähler zum liebevollen und genauen Beschreiber der heimischen Landschaften, der kleinen Dörfer und der kleinen Leute. Wenn Dürrenmatt die großen Städte zu schildern hat, auch wenn es bloß um Ortsangaben geht, wird er ausfallend. Die Erzählung »Querfahrt« beginnt mit einer Stadtverfluchung Zürichs nach bestem Muster der Städteverfluchungen eines Thomas Bernhard.
Dieser Metaphysiker, der gleichzeitig ein Aufklärer bleibt, *versteht den Mikrokosmos Schweiz als Makrokosmos.* Das muß ein Ärgernis geben. Güllen liegt in der Schweiz, aber es ist viel größer als die Schweiz. Die »Oper einer Privatbank«, um die es in »Frank der Fünfte« geht, wird zwar in Zürich gespielt, aber gleichzeitig auch auf den Schlachtfeldern von Shakespeares Königsdramen und, wie Dürrenmatt neuerdings in den »Stoffen« verrät, in Babylon am Euphrat.

Friedrich Dürrenmatt lebte und arbeitete als *ein Schriftsteller, welcher der Schriftstellerei mißtraut.* Das beweisen die Schriftstellergestalten in seinem Werk: allen voran der Meteor Schwitter. Er selbst wollte vor allem denken, verstehen, erkennen. Gerade auch dort, wo es – vielleicht – nichts zu erkennen gab. Er schrieb nur, wenn er etwas zu sagen hatte. Freilich hatte er stets etwas zu sagen: auch wenn der Weg wegführte von dem einmal Erkannten. So erklärt sich die Besessenheit dieses Arbeiters und Umarbeiters. Eines von Dürrenmatts wichtigsten Büchern, der »Essay über Israel«, ist so entstanden: als Bericht über die verzweifelte und vergebliche Umarbeitung einer als »unangemessen« empfundenen Rede eines Gastliteraten, der im Lande sieht, wie alles vorher Gedachte und Geschriebene zurückschlägt, ins Gegenteil sich verkehrt.

Das macht: er war ein *metaphysischer Denker*, der nicht loskam von zwei Mythen der menschlichen Absurdität: vom *Labyrinth* und dem *Minotaurus* inmitten, und vom *Turmbau zu Babel*. Sicherlich kein Zufall, daß je eine Mythe der antiken griechisch-kretischen Welt angehörte, und der Welt des Alten Testamentes. Beide Themen oder Stoffe hat Dürrenmatt durch sein siebzigjähriges Leben mit sich herumgeschleppt. Man kann sie leicht wiedererkennen, wenn man sich ganz einläßt mit diesem großen Schriftsteller.

Der *Minotaurus* ist ein *Monstrum aus Mensch und Tier*. Also ein Grenzfall der Humanität. Aber auch die Indianer waren, als man sie entdeckt hatte, ein Grenzfall der europäischen Humanität. Waren das noch Menschen? Der große *Michel de Montaigne* verlangte, daß sich Humanität gerade hier erweisen müsse. Der Aufklärer Dürrenmatt, der seinen Lessing liebte und seinen Immanuel Kant, hat es auch so gehalten. Seine Monstren – vom Staatsanwalt Mississippi über die Alten Damen bis zum Napoleon in »Achterloo« – gehören zu unserer heil-losen Welt und wollen einbezogen werden.

Auch der *Turmbau zu Babel* mußte stets von neuem überdacht und aktualisert werden. Ein früher Höhepunkt in dem Stück »Ein Engel kommt nach Babylon«, das seinem Verfasser besonders lieb war. Der Band »Stoffe« aber aus dem Jahre 1990 erhielt den Gesamttitel »Turmbau«, weil er alles andere bereits in sich mitverstand.

Ein deutscher Politiker erklärte öffentlich vor einiger Zeit, ein von ihm bekämpftes Kanalprojekt sei »der dümmste Bauplan seit dem Turmbau zu Babel«! Das ist ein sehr dummer Satz. Die Babylonier waren keine deutschen Schildbürger, die bei ihrem Rathaus die Fenster vergessen. Sie wußten, was sie wollten: als Bauherren wie als Bauleute. Eben darum kommt man von ihrem Unterfangen nicht los. Kafka hat es begrübelt ebenso wie Walter Benjamin. War es Übermut oder prometheischer Trotz? War es leidenschaftliche Gottessuche? Vielleicht war es gar ein menschlicher Versuch, dem Weltengott im Wortsinne »entgegenzukommen«. Wie beim Tunnelbau. Das Gleichnis vom Tunnel gibt es auch bereits beim frühen Dürrenmatt. Das Alte Testament kennt sowohl den Turmbau mit der Straffolge der babylonischen Sprachverwirrung. Allein, die Bibel berichtet auch von der *Himmelsleiter Jakobs*.

In den »Stoffen« erzählt Dürrenmatt nicht bloß die Geschichte seines Lebensumgangs mit dem Turmbau, der im Laufe der Jahrtausende immer wieder den wohlgesinnten und obrigkeitstreuen Kleinbürger mit dem ewigen Aufrührer Nimrod konfrontiert. »Ohne Hoffnung«, so schließt die Geschichte. Allein der Denkspieler Dürrenmatt spielt auch die Möglichkeit durch, daß der Turm vollendet werden könnte. Nebukadnezar ist ja oben. Nun kann er mit Gott abrechnen. Aber es taucht nur ein jahrtausendalter früherer Nebukadnezar aus dem Welten-Nebel auf. Der hat ihn erwartet, damit nun ein Neuer den Atommüll wegkehren kann. Der Turmbauer zögert. Dann greift er zum Besen.

Ein großer Mann hat unter uns gelebt. Ein Meteor. Großartig – und ganz fremd. Nun hat er uns verlassen.

Seien wir dankbar.

Max Frisch

BIN ODER DIE REISE NACH PEKING

Es ist in der Tat ziemlich unwahrscheinlich, daß es Leute gibt, die »Bin« nicht kennen. Vielleicht hat er bei ihnen allerdings einen anderen Namen. Einer unserer Freunde zum Beispiel nennt ihn »Anton«. Mit jedem aber von uns zieht er durchs Leben. Wer ihn nie sah und spürte, ist entweder so stumpf und sehnsuchtslos, daß er in ewiger Gegenwart dahindämmert, ohne Weg und Halt, Besinnung und Ziel, oder wäre so glücklich, das wirkliche Leben ganz mit seinem möglichen und gewünschten Leben verschmolzen zu haben, so daß es keinen Rest gäbe. Das aber ist in unserer elegisch-gespaltenen Zeit ziemlich unwahrscheinlich. Ein solcher Mensch verdiente es, Felix zu heißen; es ist aber stets bedenklich, diesen Namen provokatorisch zu tragen.
Bin also ist unser aller Wegbereiter insofern, als er unsere unerfüllten Möglichkeiten verkörpert. Er ist die Möglichkeit, die unsere Wirklichkeit begleitet, die so oft und so trostlos in uns weint: »Leise wie eine Glocke aus Glas.« Den Dichtern pflegt er sich zu enthüllen, so daß sie ihn sehen und mit ihm plaudern oder wandern können. Dann nämlich, wenn sie Dichter sind. Max Frisch kennt ihn, und auch der Erzähler dieser »Reise nach Peking«, der den Namen Kilian trägt. »Soviel über Bin.«
Was nun ist Peking? Von der chinesischen Hauptstadt hat es ersichtlich bloß den Namen. Es liegt am Meer, und das ist ganz richtig so, denn Shakespeares Wintermärchen spielt auch in einem Königreich Böhmen, das am Meere liegt. Es wäre auch etwas Schönes um unsere Traumstädte und Traumlandschaften, könnten wir sie nicht mit allem bevölkern, was wir liebten, kannten oder ersehnten: Porzellan-

tempeln und Meereswogen, Klüften aus dem Karstgebirge und Architektenträumen vom vollkommenen Landhaus. Jeder besitzt sein Peking, ganz nach Phantasie und Erlebnisstoff. Hier mag es »Wilder Westen« heißen und bei jenem dort »Akropolis«. Es soll Menschen geben, die um die Erde reisten und doch stets ein Peking suchen, das fern, ersehnt und unerreichbar bleibt. Soviel über Peking. Diese Reise nach Peking gehört zur Gattung jener imaginären Reisen außerhalb von Zeit und Raum, die berühmte Reisende in allen Literaturen aufzuweisen hat: Gulliver und Robinson, Edgar Poes Reise des Arthur Gordon Pym und Giraudoux' »Suzanne et le Pacifique«. Man hat mit Recht bemerkt, die meisten Reisen solcher Art seien insgeheim »protestantische« Reisen insofern, als sie dem Unbehagen und Ungenügen an der Wirklichkeit entspringen und ein Reich suchen, »wo alles rein ist«, ein Utopia, das von der Erbsünde ausgenommen wurde, wie es dergleiche Giraudoux für sich im »Gebet auf dem Eiffelturm« ausdrücklich in Anspruch nahm.
Hier die »Reise nach Peking« ist anders. Sie ist kaum Protest gegen eine Welt, aus der unser Reisender Kilian entflieht, und die ihn doch immer wieder mit der »Rolle« unterm Arm bei sich behält und an ihre Erstgeburtsrechte erinnert. Die Fahrt ist auch keine satirische Wiederholung der Tageswirklichkeit im Bilde ihres Gegensatzes, wie in den meisten anderen Utopien und imaginären Reisen. Es ist eine »empfindsame Reise«: elegisch, traumhaft, verspielt, zeitweise auch idyllisch. Sie führt nicht in ersehntes Neuland, wo man zu bleiben gedenkt, sondern ist einfach Ferienreise mit einem Retourbillet. Dafür sorgt die Rolle unter dem Arm, die schließlich wieder am Bestimmungsort abgegeben werden muß.
Trotzdem ist auch hier viel Sehnsucht und Unbehagen im Spiel. Solche Reisen werden nur unternommen, und Bin

stellt sich nur ein, wenn es in der »bürgerlichen Kondition« für eine Weile nicht mehr so weitergehen kann. Hier kann es in doppelter Weise nicht mehr so wie bisher weitergehen, wird die Reise nach dem unerreichbaren Peking zur doppelten Notwendigkeit: weil der Dichter, der Kilian heißt, den Zwang des Berufes, der für Bin lebensgefährlichen »Forderungen des Tages« nicht mehr ohne solche Reise zu ertragen vermöchte. Er ist übrigens Architekt, wie die Rolle andeutet. Wie Max Frisch. Überdies hat dieser Mann des täglichen Berufes und Erwerbs ein »Wehrmann« zu sein, der bekanntlich noch weniger als irgendein bürgerlicher Mensch jenseits der Chinesischen Mauer herumreisen dürfte. Doppelter Zwang also: Erwerb und Dienst. Da muß Bin doppelt locken. Darum aber muß auch der Weg wieder zurückführen. Die Reise führt wieder nach Hause. Zurück unter die kartenspielenden Militärs. Nach Hause. Aber ohne Novalisgedanken. Bis zur nächsten Reise nach Peking.

Manchmal denkt man an Kafka. Aber es ist der umgekehrte Kafka. Auch der Versicherungsbeamte in Prag litt unter dem Dualismus von Beruf und Berufung. Auch er trieb sich in imaginären Dörfern und Schlössern längs der Chinesischen Mauer herum. Peking hieß bei ihm »Amerika«. Allein der Epiker der »Verwandlung« versuchte die Welt des Überwirklichen in den Sprachstil des Beamten und Bürokraten zu zwingen: in eine Dichtersprache genialer Bürokratie für höchst unbürokratische Gegenstände. Anders Frisch. Peking und die Etappen der Reise bleiben stets Abbilder aus der täglichen Wirklichkeit, Kompositionen aus realen Erlebnissen. Nur versucht hier umgekehrt der Dichter, durch lyrische Sprache das Alltägliche zu durchleuchten. Es liegt darin – nun doch wieder – etwas von jener »Romantisierung« des Alltags, die Novalis erträumte.

Durchaus möglich, daß viele Leser, die mithalfen, den Roman »Stiller« zum Welterfolg zu machen, der Meinung waren, dies hier sei ein Eheroman. Die Ehe aber bleibt nach wie vor ein Problem für Eheleute. Immer waren Eheromane in der bürgerlichen Ära eines gewissen Erfolges sicher. Unter der Weimarer Republik gründete sich der längst verblichene Ruhm des Romanciers Jakob Wassermann vornehmlich auf die ausgiebig psychologisierende Darstellung solcher Probleme. Daß der Ruhm des Erzählers Heinrich Böll mit Erscheinen des Romans »Und sagte kein einziges Wort« begann, auch einer Ehegeschichte in gewissem Sinn, gibt gleichfalls zu denken. Wäre Max Frisch mithin so etwas wie ein Fortsetzer dieser bürgerlich-epischen Tradition?
Obenhin betrachtet ganz gewiß. Der romaneske Aufbau ist wesentlich bestimmt durch drei Versuche eines Mannes und einer Frau, Bindungen einzugehen, die standhalten könnten. Zunächst die Ehe Stiller und Julika. Von zwei Ehen sogar wäre zu sprechen: dem Entschluß des ursprünglichen und dann des erneuerten Stiller, mit Julika zu leben. Die Ehe des Staatsanwalts Rolf und der Frau Sibylle. Schließlich der Versuch Stillers (und der Frau Sibylle), die Lust zur Ewigkeit zu machen, zu einer kleinen Ewigkeit wenigstens. Drei (eigentlich vier) Ehen im Grunde, von denen hier berichtet wird. Alle erweisen sich als Mißerfolge. Da es der Erzähler darauf anzulegen sucht, die Vielzahl der Perspektiven zu zeigen, die verschiedenen Aspekte einer jeden Ehe je nach Erleben und Meinen der Partner darzustellen, scheint sogar die formale Struktur seines Buches, die weitgehend mit dem Perspektivenwechsel zusammenhängt, durch Gat-

tungsvoraussetzungen eines traditionellen, hier bloß perspektivisch erweiterten Eheromans bestimmt zu sein.
Freilich sollte man mit der Ironie des Verfassers rechnen. »Die erste Station für Büchner war Straßburg; unsere erste Station ist die Ironie«, erklärte Max Frisch bei Entgegennahme des Georg-Büchner-Preises 1958. Spricht man von Überlieferungen des Eheromans, so meint man nicht gerade Jakob Wassermann. Da sind vielmehr Anna Karenina und Wronski, Effi Briest und der Landrat von Innstetten, Emma und Charles Bovary. Eine bedrohliche Tradition. Max Frisch ist weit davon entfernt, sie verlegen wegzaubern zu wollen. Im Gegenteil beschwört er sie ausdrücklich herauf. Der vermeintliche Stiller notiert in seiner Zürcher Gefängniszelle: »Mein Freund und Staatsanwalt fragt, ob ich Anna Karenina kenne. Dann: ob ich Effi Briest kenne. Endlich: ob ich mir nicht ein anderes Verhalten, als es in diesen Meisterwerken geschildert wird, seitens des verlassenen Ehemannes vorstellen könnte. Ein großzügigeres, meint er – und kommt ins Erzählen.« Das ist ein Kunstgriff des nachgeborenen Erzählers. Er verwandelt einen großen Teil des Romangeschehens ins literarische Klischee, in einen Topos. Plötzlich hat die Ehe des Staatsanwalts Rolf und seiner Sibylle nicht bloß mit realen Konflikten zu tun, sondern auch mit romangemäßem Verhalten. Rolf überlegte sich, als ein gebildeter schweizerischer Intellektueller aus der Mitte des 20. Jahrhunderts, ob man nicht anders reagieren könne als der zaristische Beamte und Ehemann Alexej Alexandrowitsch Karenin. Die Rolle des Charles Bovary, des verkrachten Provinzmediziners, scheint er von vornherein aus Gründen gesellschaftlicher Selbstachtung auszuschalten.
Die scheinbar nebensächliche Bemerkung des Staatsanwalts Rolf bedeutet weit mehr als eine Geste romantisch-ironi-

scher Illusionszerstörung oder als eine maliziöse Arabeske des Erzählers. Das Thema des *Lebensklischees* wurde dadurch intoniert. Die Ehekrise zwischen Rolf und Sibylle bietet sich, wie Rolf erkennt, als Repetition berühmter und gekannter Romanliteratur an. Das Leben scheint die Literatur imitieren zu wollen. Es handelt sich um das Phänomen der *Wiederholung*. Bereits im ersten Heft von Stillers Aufzeichnungen findet sich, zunächst aphoristisch hingestellt mit bewußt zweideutiger Zeichensetzung, die Interjektion: »Meine Angst: die Wiederholung –!« Kurz darauf ergänzt Stiller, indem er etwas ausführlicher wird: »Wiederholung! Dabei weiß ich: alles hängt davon ob, ob es gelingt, sein Leben nicht außerhalb der Wiederholung zu erwarten, sondern die Wiederholung, die ausweglose, aus freiem Willen (trotz Zwang) zu seinem Leben zu machen, indem man anerkennt: Das bin ich! ... Doch immer wieder (auch darin die Wiederholung) genügt ein Wort, eine Miene, die mich erschreckt, eine Landschaft, die mich erinnert, und alles in mir ist Flucht, Flucht ohne Hoffnung, irgendwohin zu kommen, lediglich aus Angst vor Wiederholung –.« Abermals endet die Eintragung mit einem Gedankenstrich.
Kurz darauf erzählt der vermeintliche Stiller seinem gutschweizerisch-großbürgerlichen Verteidiger (»mein Verteidiger war auch einmal bei einer Partei, die dann einging, Schwamm darüber«: man kann leicht erraten, was für eine Partei das ums Jahr 1934 gewesen sein mag) das Märchen vom Rip van Winkle, in dem man, wie Max Frisch später mitteilte, eine der Keimzellen des Stiller-Romans erblicken darf. Leben als Wiederholung, folglich als Einordnung in das Klischee. Leben wohl auch als Wiederholung vorgeprägter Literatur. In Wolfgang Koeppens Reisebuch »Amerikafahrt« beschreibt der Verfasser dieser empfindsamen

Reise, wie er von Paris nach Le Havre fährt, um sich dort einzuschiffen. »Am Fenster des Zuges glitt die Landschaft der Impressionisten vorüber, Maupassants Ruderboote schaukelten immer noch auf der Seine.« Mit solchen Sätzen triumphiert Karl Kraus noch nachträglich, denn er war von jeher der Meinung, das Leben liefere bloß literarisches Plagiat, indem es Ereignisse produziere, die der Kulturkritiker Kraus in der Phantasie und dann in sprachlicher Gestaltung seit langem vorweggenommen habe. So gesehen scheint die Existenz eines heutigen Menschen, heiße er nun Stiller oder Staatsanwalt Rolf, alle schöpferische Eigenart verlieren zu wollen. Alle Konflikte, mit denen sie sich herumschlagen, wurden bereits literarisch gestaltet. Man lebt in der Wiederholung, und zwar nicht bloß in Form einer Repetition früheren, historisch gewordenen Lebens, sondern als Imitation von Literatur. Man sieht nicht mehr Landschaften vom Fenster aus, sondern Renoirs und Monets, erlebt nicht mehr eine Ehekrise, sondern spielt, mit leichten Abwandlungen, die Rolle des Karenin oder Wronski oder der Madame Bovary.

Das philosophische Problem der Wiederholung bedeutet ein Zentralthema *Sören Kierkegaards.* Das Motto des Romans aber wurde dem Buch »Entweder-Oder« entnommen. Abermals eine ironische Distanzierung Frischs vom Grundproblem seiner Romanfiguren: der Freund und Staatsanwalt schickt dem inzwischen aus der Haft entlassenen Stiller einen Band Kierkegaard ins Waadtland nach. Stiller kommt immer wieder in der letzten, letalen Krise vor Julikas Tod auf Kierkegaard zu sprechen, der ihn sehr zu beschäftigen scheint. Aber der Staatsanwalt notiert gleichzeitig recht nüchtern: »Vor allem hat er in Kierkegaard offenkundig noch kaum gelesen, und also mußte es ihm um anderes gehen.« Es ging ihm um anderes. Auch dem Romanautor Max Frisch geht es um anderes. Das Motto des Romans nämlich – das sei hier bereits angemerkt – gibt keineswegs den Schlüssel ab für das Romangeschehen und sollte durchaus nicht als Kommentar des Autors zu seinem Buch betrachtet werden. Eher wäre von einem ironischen Spannungsverhältnis zwischen Kierkegaardmotto und Romanverlauf zu sprechen.

Auch für Frisch und das Problem der Wiederholung in diesem Roman gilt die Formel: »und also mußte es ihm um anderes gehen«. Ehekrisen als nachgelebte Literatur. Der Wiederholungszwang als Stillers große Angst. Stillers Entscheidung schließlich – scheinbar – als Akzeptierung einer Lebenswiederholung und damit einer Einordnung in das gesellschaftlich vorgeschriebene Daseinsklischee. Der Staatsanwalt notiert: »Er nahm es an, Schweizer zu sein.« Wiederholung und Individualität als Gegensätze. Philosophisch als Kierkegaardthema verstanden, das untersucht, wie man aus der Krise herauskommen könne, die überall unvermeidlich einsetze, wo man das Leben als bloß *ästhetische Existenz* auffasse. Auch hier deutet Rolf die Melancholie Stillers als Nachvollziehung einer Kierkegaardanalyse, wonach »Schwermut als Symptom der ästhetischen Haltung gegenüber dem Leben« zu betrachten sei.

Ein Eheroman im herkömmlichen Sinne ist »Stiller« also durchaus nicht. Auch kein psychologischer Roman. Übrigens ebensowenig eine philosophische Erzählung, die bemüht wäre, existentialistisches Philosophieren des Dänen Sören Kierkegaard in epischer Gestalt zu präsentieren. Dagegen spricht schon das graziöse Spiel mit Kierkegaard, der hier durch den auch philosophisch beschlagenen Staatsanwalt ebenso unter Wiederholungszwang gestellt wird wie die Romankunst von Flaubert, Tolstoi oder Theodor Fontane. Nicht das philosophische Problem der Lebenswiederholung in Kierkegaards Sinne ist gemeint. Es kann auch gar nicht gemeint sein, denn Max Frisch verfehlte nicht, diese philosophische Fragestellung nach der Wiederholung selbst unter den Wiederholungszwang zu stellen, der als Thema des Romans immer wieder auftaucht.

Die Wiederholung, die Frisch meint, transzendiert den Bereich der Psychologie wie der existentialistischen Philosophie. Beide werden bloß als Symptome behandelt. Sie gehören zum eigentlichen Phänomen, das hier gestaltet werden soll, sind aber noch nicht dies Phänomen. Es geht um *gesellschaftliche* Erscheinungsformen, die allerdings mit dem Thema der Wiederholung zu tun haben, für die Frisch jedoch nicht diesen Kierkegaardausdruck verwendet, sondern einen viel moderneren, übrigens auch ökonomischer klingenden Terminus: er spricht von *Reproduktion.* Was gemeint ist, wird spürbar, wenn man ein vielleicht unscheinbares, aber wichtiges Leitmotiv des Buches betrachtet, das nie sehr beherrschend hervortritt, aber im Verlauf der Erzählung auch niemals ganz verlorengeht: das Motiv der *illustrierten Zeitschriften*. Julika betrachtet sich als Titelbild einer Illustrierten und vergleicht die Kunstpose jenes damals photographierten Augenblicks mit ihrem wirklichen Dasein. Lebensbild, Lebensauffassung und Emotionen des Gefängniswärters Knobel sind von Grund auf durch die Illustrierten bestimmt. Wenn Stiller seinem Freund Knobel erfundene Geschichten als erlebte darbietet, so nimmt Knobel sie willig auf, denn es geht darin genauso zu wie in den anderen Geschichten, die man in schweizerischen (und nicht bloß schweizerischen) Illustrierten zu lesen pflegt. Wilfried Stiller, der Bruder und Landwirt, orientiert sich über kalifornische Landwirtschaft aus der Illustrierten und kennt daher die Dinge viel besser als Stiller selbst, der bloß in Kalifornien war. Die Illustrierte vermag alles zu liefern, aber nichts stimmt ganz und gar. Wilfried Stiller berichtet dem Bruder von einer Reportage über Schädlingsbekämpfung in der gleichen Illustrierten, die Julika als Titelmädchen präsentiert hatte. Stiller notiert: »Nicht einmal in dieser Sache stimmt es, was die Illustrierte verkündet. Das amüsiert mich.« Aber die Illustrierten vermögen den Lebensstil der Menschen, die hier beschrieben werden, nachhaltig zu beeinflussen, weil die Menschen selbst von sich aus bereits so leben, wie es im Klischee der Illustrierten gezeigt wird.

Eine frühe Erzählung Heinrich Bölls trägt den Titel »Wie in schlechten Romanen«. Bei Max Frisch ist es immer wieder ein Leben wie in den illustrierten Zeitschriften. Die Schilderung von Stillers längst verlassenem Atelier mit der künstlerisch eigenwilligen besonderen Note und dem höchst ungewöhnlich verlaufenden Ofenrohr. »Dabei ist es genau das Ofenrohr, wie man es in fast jedem Atelier findet, das konventionelle Requisit einer gewissen Boheme.« Stillers Bibliothek? Die klischeehafte Büchersammlung eines schweizerischen Intellektuellen oder Künstlers nach 1945, der weiß, was er an Erbschaft und Gegenwartsschaffen zur Kenntnis zu nehmen hat: »ein Platonbändchen und ein bißchen Hegel«, und Brecht und Gide, Hamsun und Gorki, Proust und Erich Kästner. Natürlich auch Cervantes und Faust und Dante und die Ilias. »Hemingway (Stierkampfbuch) steht neben Trakl.« Eine persönliche literarische Note, wie man sieht, ganz wie bei dem Ofenrohr. Genauso konventionell und klischeehaft in Wirklichkeit wie bei dem Ofenrohr. Reproduktion statt der Individualität. Die Bibliothek des Einzelgängers? Aber diese Einzelgänger sind Legion.

Leben und Literatur im Zeitalter der Reproduktion: das ist Max Frischs eigentliches Thema in dem Roman Stiller. Stiller notiert, und es ist wohl zweckmäßig, die ganze Stelle mitzuteilen, denn sie dient weit mehr als das allzu verführerisch vorangestellte Kierkegaardmotto der Interpretation dessen, was Frisch beabsichtigt haben mochte: »Wir leben in einem Zeitalter der Reproduktion. Das allermeiste in unserem persönlichen Weltbild haben wir nie mit eigenen Augen erfahren, genauer: wohl mit eigenen Augen, doch nicht an Ort und Stelle; wir sind Fernseher, Fernhörer, Fernwisser. Man braucht dieses Städtchen nie verlassen zu haben, um die Hitlerstimme noch heute im Ohr zu haben, um den Schah von Persien aus drei Meter Entfernung zu kennen und zu wissen, wie der Monsun über den Himalaja heult oder wie es tausend Meter unter dem Meeresspiegel aussieht. Kann heutzutage jeder wissen. Bin ich deswegen je unter dem Meeresspiegel gewesen; bin ich auch nur beinahe (wie die Schweizer) auf dem Mount Everest gewesen? Und mit dem menschlichen Innenleben ist es genauso. Kann heutzutage jeder wissen. Daß ich meine Mordinstinkte nicht durch C.G. Jung kenne, die Eifersucht nicht durch Marcel Proust, Spanien nicht durch Hemingway, Paris nicht durch Ernst Jünger, die Schweiz nicht durch Mark Twain, Mexiko nicht durch Graham Greene, meine Todesangst nicht durch Bernanos und mein Nie-Ankommen nicht durch Kafka und allerlei Sonstiges nicht durch Thomas Mann, zum Teufel, wie soll ich es meinem Verteidiger beweisen? Es ist ja wahr, man braucht diese Herrschaften nie gelesen zu haben, man hat sie in sich schon durch seine Bekannten, die ihrerseits auch bereits in lauter Plagiaten erleben. Was für ein Zeitalter! Es heißt überhaupt nichts mehr, Schwertfische gesehen zu haben, eine Mulattin geliebt zu haben, all dies kann auch in einer Kulturfilmmatinee geschehen sein, und Gedanken zu haben, ach Gott, es ist in diesem Zeitalter schon eine Rarität, einen Kopf zu treffen, der auf ein bestimmtes Plagiatprofil gebracht werden kann, es zeugt von Persönlichkeit, wenn einer die Welt etwa mit Heidegger sieht und nur mit Heidegger, wir andern schwimmen in einem Cocktail, der ungefähr alles enthält, in nobelster Art von Eliot gemixt, und überall wissen wir ein und wieder aus, und nicht einmal unsere Erzählungen von der sichtbaren Welt, wie gesagt, heißen etwas.«

Man wird Stiller (oder Max Frisch) diesmal die Gegenfrage stellen müssen, warum »nicht einmal unsere Erzählungen von der sichtbaren Welt« etwas aussagen können. Stiller würde antworten, es sei bei diesen Geschichten, die wir angeblich so real und sichtbarlich erlebt haben, keineswegs ausgemacht, ob das ein Erleben aus der ersten Hand war, oder aus der zweiten, der literarischen nämlich. Ob wir, mit Koeppen zu sprechen, wirklich eine französische Landschaft sahen, oder lediglich einen Monet »in natürlicher Größe«. Max Frisch als ein Romanschreiber, der über die heutigen Möglichkeiten seines Tuns nachdenkt, hätte vermutlich wiederholt, was er sieben Jahre nach Erscheinen des »Stiller« einem Ausfrager bei Anlaß eines sogenannten »Werkstattgesprächs« entgegnet hatte: »Jeder Mensch (ich spreche jetzt nicht vom Schriftsteller, sondern von seinem Helden), jeder Mensch erfindet sich früher oder später eine Geschichte, die er, oft unter gewaltigen Opfern, für sein Leben hält, oder eine Reihe von Geschichten, die mit Namen und Daten zu belegen sind, so daß an ihrer Wirklichkeit, scheint es, nicht zu zweifeln ist. Trotzdem ist jede Geschichte, meine ich, eine Erfindung. Und daher auswechselbar. Man könnte mit einer fixen Summe gleicher Vorkommnisse, bloß indem man ihnen eine andere Erfindung seines Ichs zugrunde legt, sieben verschiedene Lebensgeschichten nicht nur erzählen, sondern leben. Das ist unheimlich. Wer es weiß, hat Mühe zu leben.« Die besondere Eigenart nun und Schwierigkeit des ehemaligen Bildhauers Anatol Ludwig Stiller, jetzigen amerikanischen Staatsbürgers White, besteht darin, den ersten selbstgebastelten Entwurf seines Lebens gegen einen zweiten ausgetauscht zu haben. Er versuchte, seine Lebensgeschichte gleichsam in zwei Fassungen zu erfinden, wobei sich herausstellt, daß einer zwar das Manuskript des »Ur-Tasso« in den Ofen stecken und verbrennen kann, damit für die Außenwelt bloß noch der allein als gültig anerkannte »Torquato Tasso« vorhanden bleibt, daß dieses schriftstellerische Verfahren jedoch beim Austausch der Lebensgeschichten nicht möglich ist. Die erste Fassung samt allen Augenzeugen und Brüdern, Eltern, Gattinnen, Freunden, Arbeitsspuren wurde registriert. Nicht bloß in irgendwelchen Akten und Urkunden, sondern – was sich als hartnäckiger erweist – im Erleben von *andern.* Versteht man daher den Gedanken Max Frischs aus dem Rundfunkgespräch von 1961 als ernstliche Meinung des Schriftstellers, was man tun sollte, denn bereits ein Jahr vorher, im November 1960, hatte er unter dem Titel »Unsere Gier nach Geschichten« in der Zürcher Zeitschrift »Die Weltwoche« ganz ähnliche Auffassungen entwickelt, so sollen am Schicksal Stillers gleichzeitig die fiktiven Züge des Lebens wie die wesentlichen Unterschiede zwischen dem Erfinden eines Daseinsentwurfs durch einen Menschen und dem Erfinden einer ausdrücklich fingierten Geschichte in Form der Belletristik sichtbar gemacht werden.

Man täte Frisch unrecht, sähe man in solchen Erwägungen, die dem Roman »Stiller« seine besondere Struktur gaben, irgendeine existentialistische Philosophie des Autors, wonach alles Leben auf willkürlicher Entscheidung eines Einzelnen über seine Daseinsrichtung beruht. Das existentialistische Philosophieren, etwa bei Sartre, möchte deshalb das Erfinden solcher Lebensentwürfe als Bestätigung *menschlicher Freiheit* angesehen wissen. Bei Max Frisch findet sich die durchaus entgegengesetzte Auffassung. Er zeigt – nicht bloß in diesem Roman, sondern auch in seinen Dramen, besonders in der Komödie vom unwilligen Verführer Don Juan, der nicht Don Juan sein möchte, aber sein muß, oder vom andorranischen Juden Andri, der gar keiner ist, aber als solcher zu gelten hat –, daß die Auswahl unserer Lebensgeschichten entscheidend begrenzt ist durch die *gesellschaftlichen Möglichkeiten*, die uns gegeben wurden. Da hat eine herrschende Gesellschaftsordnung sogenannte Leitbilder aufgerichtet, nach denen sich der Einzelne richten soll und meistens auch richtet. So kommt es zu dem so nachdrücklich am Fall Stiller geschilderten Vorgang einer Reproduktion, die zeigt, daß unter bestimmten gesellschaftlichen Verhältnissen (jenen beispielsweise der schweizerischen Bürgerwelt nach dem Zweiten Weltkrieg, die sich Frisch zum Modellfall wählte) die echte, originale, unmittelbare Produktion einer eigentümlichen Lebensgeschichte im Zeitalter der Illustrierten und Kulturfilme gar nicht mehr möglich ist. Angewandt auf die Geschichte des Bildhauers Stiller, wird der Gedanke Max Frischs etwa so modifiziert werden müssen: jeder Mensch erfindet sich früher oder später eine Geschichte, die er für sein Leben hält. Er hat aber unter bestimmten realen Lebensbedingungen nur die Auswahl unter einigen vorhandenen Fertigmodellen. Welches auch immer er erwählt, es wird eine Lebensgeschichte daraus, die ebensogut in einer illustrierten Zeitschrift erzählt werden könnte. Umtausch der Modelle im Warenhaus für Lebensgeschichten ist nicht gestattet. Was am Falle Stillers zu beweisen war.

Das bedeutet eine Gegenthese zu Sartre. Nicht Freiheit, sondern extremer gesellschaftlicher Automatismus. Der Erzähler dieses Romans wird nicht müde, den Reproduktionscharakter und die völlige Verdinglichung menschlicher Beziehungen in der von ihm dargestellten Welt zu demonstrieren. Da ist der junge Architekt Sturzenegger, ein Freund des verschollenen Bildhauers Stiller. Er besucht den angeblichen Rückkehrer in seiner Zelle. Stiller schreibt auf, was sich dabei abspielt: »Einmal mehr spüre ich etwas Unheimliches, eine Mechanik in den menschlichen Beziehungen, die, Bekanntschaft oder gar Freundschaft genannt, alles Lebendige sofort verunmöglicht, alles Gegenwärtige ausschließt. Ein Häftling wie ich, was soll ich schon mit einer Banknote anfangen? Aber es funktioniert alles wie ein Automat: oben fällt der Name hinein, der vermeintliche, und unten kommt schon die dazugehörige Umgangsart heraus, fix und fertig, ready for use, das Klischee einer menschlichen Beziehung, die ihm (so sagt er) wie kaum eine andere am Herzen liegt.« So spielen sie einander eine besondere Variante menschlicher Beziehungen vor, deren Automatismus im alltäglichen Ablauf darin bestände, daß Sturzenegger die Freundschaft Sturzeneggers zu Stiller spielt und dieser wiederum die Freundschaft Stillers zu Sturzenegger. Diesmal ist der Mechanismus dadurch ein bißchen gestört, daß Stiller, weil er es nicht sein will, nicht so richtig mitspielt. Weshalb Sturzeneggers seelischer Alleingang komisch wirken muß. Stiller notiert: »Sein Zuspruch, ich soll

doch den Mut nicht verlieren, überhaupt seine ganze Freundschaft ist eine Summe von Reflexen auf eine abwesende Person, die mich nicht interessiert.«
Bemerkenswert übrigens, daß der Verfasser des Romans offenbar durchaus nicht der Meinung ist, solche Automatisierung menschlicher Beziehungen in Form einer beständigen Reproduktion von Gefühls- und Verhaltensklischees sei unvermeidlich oder wohl gar allgemeinmenschlich. Die Geschichte Stillers und seiner Umwelt spielt sich im Zeitalter der Automatisierung und Reproduzierung ab. Man blickt in eine Welt der Verdinglichung, worin alle Beziehungsmöglichkeiten zwischen Menschen oder zwischen Menschen und Institutionen derartig normiert wurden, daß für unmittelbare Produktion kaum mehr eine Möglichkeit bleibt. Wobei Frisch übrigens die Aufhebung der Selbstentfremdung durch gemeinsame *Arbeit* nicht unter die Verhaltensmodelle seiner Geschichte aufnahm. In den drei Ehen des Buches wurde die gemeinsame Arbeit ausgespart. Stiller ist Bildhauer und interessiert sich nicht für das Theater. Julika ist beim Ballett und hat kein Verständnis für Fragen der bildenden Kunst. Rolf ist Jurist und Sibylle eine »vielseitig interessierte« Dame der Gesellschaft, die aber eine Allianz der Arbeitspraxis weder mit Rolf noch mit Stiller einzugehen vermag. Weshalb es in allen Fällen bei der Verdinglichung bleibt, mag die Wiederholung des ersten Eheexperiments nun einigermaßen gut ausgehen, wie bei Rolf und Sibylle, oder abermals scheitern, wie bei Stiller und Julika. Entfremdetes Leben im Zeitalter der Reproduktion.
Nun ist Stiller aber ein Bildhauer, also ein Künstler. Muß man Max Frischs Roman, der Gattung nach, weniger als Eheroman des herkömmlichen Typs verstehen denn als leicht parodistisches Spiel mit der Gattung Eheroman im

Zeitalter der Reproduktion, so zeigt sich überdies, daß hinter dem Eheroman noch ein *Künstlerroman* versteckt ist, dessen Gattung vom Erzähler nicht wesentlich anders behandelt wird. Die Darstellung eines Künstlerlebens gehört, nicht bloß in der deutschen Literatur, zum Inventar bürgerlicher Romankunst, seit Ausgang des 19. Jahrhunderts auch zur Theaterkunst. Man kennt alle Arten und Abarten des erfolgreichen und erfolglosen, des begabten und des unbegabten Künstlers. Nöte der Potenz und der Impotenz. In Thomas Manns »Doktor Faustus« wurde die Situation einer Endzeit geschildert, worin Kunst und Künstlertum »zu schwer« geworden waren, so daß es bei Kreation neuer Kunstwerke offenbar nicht mehr ohne teuflische Illuminierung abging. In dem Roman »Stiller« besteht der rührend-komische Versuch der Titelgestalt darin, die eigene frühere Künstlerexistenz zurücknehmen und gegen das Leben eines durchaus kunstfremden Mr. White austauschen zu wollen. Als das mißlingt und Stiller, nach den Erfahrungen mit dem mißglückten Selbstmord und dem mißglückten Spiel als Mr. White, genötigt ist, ein neues Leben über den Kellerräumen des früheren Daseins zu errichten, verwandelt er sich aus einem bürgerlichen Künstler in einen halbbäuerlichen Handwerker. Der geachtete Bildhauer wird zum Produzenten einer Swiss pottery. Von der Kunst zurück zum Handwerk. Nicht einmal mehr an sogenanntes »Kunstgewerbe« wurde dabei gedacht. Es ist die Zurücknahme des Künstlertums durch Stiller.

Den Grund dafür zeigt Frisch in der Szene, da der Untersuchungsgefangene die Kunstwerke im Atelier des verschollenen Stiller mit aller Kraft und Systematik demoliert. Daß er über die bürokratische Infamie des Verteidigers Dr. Bohnenblust in Zorn gerät, den Stiefvater aus dem Altersheim zu holen, um Stillers Identität feststellen zu lassen, erklärt nur den Anlaß. Es geht nicht um den Stiefvater, sondern um Stillers Kunstwerke. Bei der nachträglichen Protokollierung des Vorgangs bemüht sich der Untersuchungsgefangene, die Distanz zum einstigen Stiller wieder beizubehalten; während der Zerstörung der Kunstwerke jedoch handelt und fühlt er als Stiller, weshalb er auch – alle Distanzierung durchbrechend – notieren kann: »Ich war ohne Angst, das Falsche zu tun, und wieder einmal ich selbst.« Das heißt aber denken und fühlen als Stiller, denn Stiller sieht als Wiedergeborener auf die Kunstbemühungen des einstigen Bildhauers Stiller: »Einiges ist sogar in Bronze gegossen, was diesen Dingern meines Erachtens gar nicht bekommt; die Bronze, immerhin ein Metall von einiger Dauerhaftigkeit, nimmt ihnen den goldenen Trug des Skizzenhaften, der vielleicht das andere gerade noch mit den Reizen der Erwartung zu retten vermag, und was in Bronze bleibt, ist nicht genug, um Zeugnis eines erwachsenen Mannes zu sein. Kein Wunder, daß Stiller (einmal muß er es ja auch gesehen haben) gegangen ist!« Stiller war als Bildhauer gescheitert. Alles war vermutlich recht achtbar, geschmackvoll, auch beachtenswert, wenn man dergleichen überhaupt Beachtung zu schenken gedachte. Es verhielt sich mit Stillers Plastiken wie mit dem individuellen Ofenrohr in seinem Atelier. Es waren wohl die gleichen Plastiken, wie man sie in fast jedem Pariser oder New Yorker Atelier finden konnte. Wozu also? Der Roman »Stiller« ist ein Künstlerroman im Zeitalter der Reproduktion. Reproduktion aber bedeutet verlorene Unmittelbarkeit. Der Einzige und sein Eigentum? Wo ist hier der Einzige und worin besteht sein Eigentum?

Nicht ohne Grund bildet auch das Thema der Frigidität und der Impotenz ein geheimes Leitmotiv des Romans. Viel-

leicht war Julika gar keine richtige Frau, vielleicht war Stiller, dessen feminine Züge durch den protokollierenden Untersuchungshäftling immer wieder hervorgehoben werden, kein vollgültiger Mann. Aber Stiller ist auch kein vollgültiger Künstler. Der Roman behandelt das Thema der verlorenen Schöpferkraft, nicht bloß der verlorenen Individualität. Die künstlerische Schöpferkraft Stillers – darin liegt die bemerkenswerte Neufassung des Artistenthemas durch Frisch – krankt nicht so sehr an unzureichender Begabung (Stiller scheint im Gegenteil ein recht begabter Bildhauer zu sein), als am Leerlauf eines Kulturbetriebes, der es als völlig belanglos erscheinen läßt, ob die zahlreichen Stiller in ihren Züricher oder Pariser Ateliers einige Plastiken mehr oder weniger hervorbringen, da ihr Treiben ohnehin jeglicher realer Funktion entbehrt. Stillers Kunst war funktionslose Kunst, weshalb sie auch substanzlose Kunst sein mußte. Als der Bildhauer dies erkannt hat, schlägt er zu.
Kritiker des Romans haben mehrfach behauptet, hier sei als Hauptthema der *Kontaktverlust* gestaltet worden. Aber dieser Ausdruck der Psychologen oder Soziologen ist selbst wiederum längst ins Inventar der illustrierten Zeitschriften geraten. Im Zeichen der Reproduktion haben sich die Beziehungen zwischen Ursache und Wirkung bis zur Unkenntlichkeit verwirrt. Wenn jemand, um die bereits zitierte Stelle des Romans noch einmal zu erwähnen, seine Eifersucht nicht mehr aus erster Hand, sondern gefiltert durch die Lektüre Marcel Prousts erlebt, bleibt zu fragen, ob die geringe Gefühlsintensität eines Stiller im Verhältnis zu seiner Umwelt als einmaliger, originaler Vorgang zu verstehen ist, oder als Wiederholung eines Vorgangs, der in der verdinglichten Bürgerwelt, wie Sturzeneggers Beispiel zeigt, ganz allgemein wurde; oder ob Stiller bloß Kontakt-

armut demonstriert, seine Julika übrigens auch, weil es, wie sie wissen, eine moderne Psychologie gibt, die dem Thema der Kontaktschwäche gewidmet ist. Die alte Frage: hat jemand Ödipus-Komplexe als Bestätigung dessen, was Freud behauptete, oder hat er sie als Leser von Freud?

Weshalb es ebensowenig stimmt, wenn andere Kritiker die Geschichte Stillers unter das *Motto Kierkegaards* stellen möchten, das zwar auf der ersten Seite des Buches zu lesen ist, aber nicht, wie leichthin angenommen wurde, dem ganzen Roman vorangestellt wurde, sondern lediglich zum ersten Teil des Buches gehört: zu »Stillers Aufzeichnungen im Gefängnis«. Womit die Gedanken Kierkegaards ausdrücklich vom zweiten Teil des Buches, dem »Nachwort des Staatsanwaltes«, abgesetzt wurden, mit vollem Recht natürlich, denn dieser scheinbare Epilog, der in Wirklichkeit erst dem ganzen Roman die endgültige Perspektive gibt, steht durchaus windschief zu dem Kierkegaardmotto.

In »Entweder-Oder« war behauptet worden, die Selbstwahl eines Menschen sei so schwer, weil sie ihn zwar recht eigentlich erst zur vollen Individualität führe, damit aber von allen anderen Individuen isoliere. Zur Isolation aber trete die Kontinuität, denn alles frühere Dasein dieses Menschen vor der Selbstannahme gehe kontinuierlich in die Entscheidung ein. Von nun an sei es vorbei mit aller Lebenslüge und allen Umtauschmöglichkeiten. Erlangt werde durch die Selbstwahl die wahre Individualität als einzig mögliche Erfüllung, als Seligkeit des Einzelnen, der sich zu sich selbst bekannte.

Stillers Schicksal beweist, daß all dies im Zeitalter der Reproduktion nicht mehr möglich ist. Kierkegaards Thesen konnten nur den Menschen aus der Mitte des 19. Jahrhunderts in einem verhältnismäßig frühen Stadium der Bürgerwelt meinen. Indem die Existentialisten diese Freiheitsphilosophie mitten in der spätbürgerlichen Welt von neuem verkünden, begehen sie eine ideologische Regression, statten sie im Jahre 1950 ein Seelenleben mit Tapeten der Kierkegaardzeit aus. Stiller versucht, die Nachfolge Kierkegaards anzutreten und sich selbst anzunehmen. Gerade dadurch aber wird er zum Rip van Winkle, der das Leben verschlief. Wie soll er durch Selbstannahme zur Seligkeit der Individualität gelangen, wenn die Voraussetzungen dafür nicht mehr vorhanden sind? An die Stelle des bürgerlich freien Individuums trat die Episode der Reproduktion. Stiller nimmt sich zwar an, wird dadurch aber trotzdem nicht zum originalen Schöpfer von Kunstwerken. Er scheitert als Mann wie als Künstler. Das Motto Kierkegaards bezieht sich auf den ersten Teil des Romans, auf den Versuch, der im Gefängnis unternommen wird. Der zweite Teil widerlegt das Motto.

Enthält der Roman »Stiller« eine formale Parodie früherer Ehe- und Künstlerromane, so muß er gleichzeitig als eine Abwandlung früherer deutscher »Erziehungsromane« betrachtet werden, die erschrecken macht. Man war versucht gewesen, im »Doktor Faustus« oder im »Glasperlenspiel« die eigentlichen Abschlußschöpfungen und Zurücknahmen eines Romantyps zu erblicken, worin ein junger Mensch durch Irrungen und Wirrnisse des Lebens und der eigenen Individualität zur »Reife« gelangt, nämlich zur Konformität von Persönlichkeitsentwicklung und gesellschaftlicher Norm. Bei Gottfried Keller und seinem Heinrich Lee war das im 19. Jahrhundert noch einmal möglich geworden; daß man es aber im geschichtlichen Sinne bloß mit einem Nu zu tun hatte, der rasch verging, konnte bereits aufmerksamen Lesern des Altersromans *Martin Salander* nicht ent-

gehen. Dann kamen die vielen Camenzinds, die sich aus der modernen Großstadt oder dem, was sie dafür hielten, aufs Land oder auf irgendeine andere Art des »einfachen Lebens« zurückzogen. Der Erziehungsroman hatte den Weg nach Innen zu weisen. Individualität schien bloß noch möglich zu sein, wenn man sie sehr am Rande des allgemeinen Gesellschaftslebens kultivierte. Daß auch auf diese Weise, wenngleich mit weit größeren Schwierigkeiten als zur Goethezeit, eine Ausbildung des klassischen Ideals harmonischer Persönlichkeiten erreicht werden konnte, war nicht zweifelhaft. Der Weg nach Innen führte zur echten Individualität. Der Steppenwolf Harry Haller gelangte zur Befreiung unter wirksamer Assistenz von Goethe und Mozart.
Mit alledem ist es nun für Stiller vorbei. Nichts mehr von Ausbildung der eigentlichen Persönlichkeit durch das einfache Leben. Der Meierhof in Waadtland mit der etwas komischen Töpferei ist bloß eine neue Form der Misere. Empfindsame Leser hätten es vermutlich begrüßt, wenn Julika und Stiller, in endlicher Übereinstimmung des Empfindens, durch Morgenglanz über den Bergen und nützliches Tun in der Swiss pottery zur seelischen Reinigung gelangt wären. Nichts da. Der schäbige Krankenhaustod nach der Lungenresektion steht am Ende, und der Romanschluß hat nichts mehr zu tun mit Heinrich Lee oder Martin Salander, sondern scheint bereits den künftigen Georg-Büchner-Preisträger anzukündigen, der bei seinem Romanschluß an Büchners Erzählung »Lenz« denkt und ihr fragmentarisches Abbrechen bei den Worten: »So lebte er hin ...«. Ungefähr so schließt auch Max Frisch: »Stiller blieb in Glion und lebte allein.« Kein Weg nach Innen, keine Befreiung durch einfaches Leben, keine Katharsis durch die Kunst. Alles bleibt offen, ungelöst, unbewältigt. In der Welt des

Anatol Ludwig Stiller sind erfolgreiche Erziehungsromane nicht mehr möglich.
Daß man bei solcher Betrachtungsweise nichts in das merkwürdige Buch hineininterpretiert, was dort nicht in aller Bewußtheit gestaltet wurde, zeigt Max Frischs später, vier Jahre nach »Stiller« veröffentlichter Romanbericht »Homo Faber« (1958). Es sind Komplementärromane. Das gleiche zivilisatorische Thema dergestalt behandelt, daß jeder dieser beiden Romane als Gegenstück, Ergänzung, vor allem aber auch als geheime Widerlegung des anderen betrachtet werden kann. Der Bildhauer Stiller ist ein Künstler, der sich in der Untersuchungshaft zum objektiven Protokollieren zwingt und sorgfältig bemüht ist, Reflexionen und intellektuelle Kommentare zum Geschehen beizusteuern, von dem er berichtet, ohne jedoch dabei eigene Gefühle zu investieren. Dies um so weniger, als es sich bei den Vorgängen um einen Menschen namens Stiller handelt, mit dem der Protokollführer nichts zu tun haben will. Faber ist ein Mann der Technik, der Wissenschaft, der rationalen Lebensplanung. Er scheint keine Furcht zu haben vor dem eigenen Sein, weshalb er seine Geschichte in der Ich-Form erzählt. Der Erzähler Max Frisch überläßt ihm das Wort. Als Erzähler gibt er sich bloß an einer einzigen Stelle zu erkennen: durch die Wahl des Titels »Homo Faber«, die einen Kommentar bedeutet, und durch die Gattungsbestimmung »Ein Bericht«. Dadurch aber bekommt Fabers Lebensbericht eine neue Dimension; gleichzeitig wird er zu Stillers Künstlerschicksal in Beziehung gesetzt.
Kunstschaffen und Persönlichkeitsentwicklung des Bildhauers Stiller scheitern an einer Welt, die den Menschen sich selbst so sehr entfremdet hat, daß er weder zu sich noch zu anderen in ein glückhaftes Verhältnis gelangen kann. Weder

Selbstannahme noch Einfühlung in eine – längst nicht mehr vorhandene – Gemeinschaft. Faber will gar nichts anderes als eine Lebensform dieser äußersten Verdinglichung und Automatisierung. Er möchte gar kein individuelles Dasein haben, strebt nicht als Einziger nach einem unverlierbaren Eigentum, will sich durchaus nicht verwirklichen. Er will bloß, daß alles klappt. Nichts klappt. Die Wahrscheinlichkeitsrechnung ergibt, daß in einer rechenhaft gewordenen Welt die Möglichkeiten zur echten Tragödie verschwindend gering geworden sind. Verschwindend gering oder nicht: in Fabers Falle sind die Erinnyen zur Stelle. Stiller wollte große Tragik erleben und landete in lauter Misere. Bei Faber sollte alles klappen: vom Plan der Fluggesellschaft bis zum Lebensplan. Nichts klappt, und dort findet eine antike Tragödie statt, wo sie als äußerst unerwünscht empfunden wurde. Bei Stiller die Schlußszenerie einer gezähmten Hochzivilisation mit verdinglichtem Krankenhaustod. Bei Faber die Nähe von Argos, Akrokorinth und Eleusis, der Weg, den der fromme Sänger Ibykus nahm. Stiller hatte nichts sehnlicher gewünscht als ein zweites Dasein, das er an die Stelle seines offenbar mißglückten ersten setzen konnte. Faber hat ein zweites Dasein geführt, ohne es zu wissen. Er bekam das Schicksal des Ödipus, und dem Menschen des technischen Zeitalters, dem Homo faber, wurde bewiesen, daß auch in einer Welt scheinbarer Unverantwortlichkeiten, wo der Einzelne – wie die New Yorker Szenen des Romans beweisen – nur noch Funktionswert zu besitzen scheint, der Nexus von Schuld und Sühne immer noch zu spielen vermag. Stiller scheitert in der modernen Bürgerwelt als Künstler, als Homo ludens. Der Fachmann Faber scheitert gerade als Homo faber.
In beiden Romanen wird versucht, die Krise durch Flucht in

den Raum zu lösen. Stiller flieht nach Amerika, bevor er versucht, ins Dasein des Mr. White zu entkommen. Faber flieht von Amerika nach Europa. Es ist Flucht in die Kindheit einer Zivilisation, die er auf dem amerikanischen Kontinent mit all ihren Schrecknissen erlebte. Rückkehr nach Europa, Griechenland, ins Archaische. Aber auch im heutigen Athen gibt es, wie in New York, moderne Krankenhäuser, in denen Krebsoperationen vorgenommen werden. Die Flucht ins Archaische ist ebensowenig möglich wie jene in den noch nicht kapitalistischen Raum. Vor den Krisen einer Zivilisation, die unzählige Menschen vom Typ des Homo Faber schuf, gibt es weder einen Ausweg in den Dschungel noch in die Archaik. Es gibt die Tragödie, wie Faber erkennen muß, aber es ist eine zeitgenössische Tragödie. Für einen Homo ludens aber, wie Stiller, wird die Kunst zu schwer. Soll man daraus folgern, er habe es, weil die Begabung wohl doch nicht ausreichte, verabsäumt, mit Hilfe teuflischer Illuminierung, gleich dem Musiker Adrian Leverkühn bei Thomas Mann, trotzdem noch zur Kunstproduktion zu gelangen?

Stiller scheitert natürlich auch an der *Schweiz*, die Schweiz aber bei Frisch ist ein Modell. Sie hieß einmal Seldwyla, heißt jetzt bereits Güllen (in Dürrenmatts »Besuch der alten Dame«) oder Andorra, wie in dem Theaterstück, das Frisch sieben Jahre nach dem Stillerroman abschloß. In der modellhaften Schweizerwelt aber kann für Stiller, den Künstler, weder eine Tragödie noch eine Katharsis erfolgen. Die tragischen Helden werden ersetzt durch Typen einer *Kriminalgeschichte*; den abgewandelten Typen des Ehe-, Künstler- und Bildungsromans gesellen sich in der Geschichte Stillers außerdem noch die Konstruktionsprinzipien eines Kriminalromans. Das hängt aufs engste mit dem Grund-

thema des Buches, der Kierkegaard-Widerlegung, zusammen. Ein Fachmann der Kriminalliteratur, Friedrich Dürrenmatt, entdeckte es sogleich. In einer unveröffentlichten Analyse des Romans »Stiller« notiert Dürrenmatt als Kritiker des Romans »Stiller«: »Das Ich wird eine Behauptung der Welt, der man eine Gegenbehauptung, ein Nicht-Ich entgegenstellt. Anders gesagt: an Stelle des Ichs tritt ein fingiertes Ich, und das Ich wird ein Objekt. Romantechnisch gesehen: das Ich wird ein Kriminalfall.«
Hier schlägt der Roman, der wahrhaftig zu sein strebt und alle falschen Tröstungen bei Darstellung der Stillerwelt verwirft, aus äußerster Verdinglichung in einen merkwürdigen philosophischen Idealismus um. Die Wirklichkeit wird bloß noch als Fiktion empfunden. Daß Stiller sie so empfindet, ist durchaus in der Ordnung. Aber Max Frisch? Sein Bildhauer ist der gescheiterte Homo ludens, der daran scheitert, daß er nichts anderes zu sein vermag. Faber ist der gescheiterte Homo faber, den die Tragödie ereilt, weil er nichts als Homo faber sein möchte. Bleibt die Verantwortung vor den Grundfragen aller gesellschaftlichen Sittlichkeit. Stiller versagte als Teilnehmer am spanischen Bürgerkrieg. Faber versagte, als es galt, jüdische Flüchtlinge zu schützen. Der Lehrer in Frischs Schauspiel »Andorra« – auch ein Stiller – versagt vor dem Schicksal des Knaben Andri. Es gibt die verdinglichte Welt, aber es gibt auch die Pflicht zur Humanität in einer Welt, die den Menschen sich selbst entfremdet hat. Stiller und Faber scheitern schließlich daran, daß sie nirgendwo zu genügen vermögen: nicht in der Kunst, nicht in der Rationalisierung, nicht in der Verantwortung vor der Not von Mitmenschen. Auch hier behält Kierkegaard unrecht, denn die von ihm gepriesene Seligkeit des Einzelnen, die in der bloßen, wenn auch scho-

nungslosen Selbstannahme liegen soll, erweist sich als monströse Selbstsucht. Es ist Philosophie liberaler Kaufleute aus dem 19. Jahrhundert. Hundert Jahre später, in der Welt Fabers, gesellt sich zur Selbstsucht die Unmenschlichkeit. Stiller und Faber handeln immer wieder unmenschlich.
Was daraus folgt? Max Frisch sagt es nicht. Oder doch? Das Schicksal Stillers und Fabers beruhte weitgehend auf der Verantwortungslosigkeit ihres Handelns. Am 1. August 1957, dem Nationalfeiertag der Schweiz, hielt Max Frisch in Zürich eine Ansprache an seine Landsleute, und zwar sprach er im Zürcher »Industriequartier«, einem Arbeiterviertel. Seine Rede schloß mit dem Hinweis auf die Notwendigkeit der eigenen, persönlichen *Verantwortung*. »Und das ist der Punkt, der für die Freiheit sehr viel zu bedeuten hat; die eigene persönliche Verantwortung, das Risiko. Es gibt keine Freiheit ohne Risiko.« Verantwortung, Risiko, Freiheit. Das gilt auch für die Kunst, die Wissenschaft und die Technik. Für Stiller wie für Faber. Frisch übernahm die Verantwortung für die wahrhaftige Darstellung von Zuständen der Entmenschlichung. Als er im November 1958 mit dem Georg-Büchner-Preis ausgezeichnet wurde, berief er sich auf den Dichter des »Lenz« und des »Woyzeck« als Vorbild. Was er damals sagte, war auch ein Kommentar zur Geschichte des Anatol Ludwig Stiller: »Die Wahrhaftigkeit der Darstellung, und wäre es auch nur eine übliche oder ausgefallene Ehe, was da zur Darstellung gelangt, oder die ungeheuerliche Deformation des Menschen, der von Staats wegen hat töten müssen, ... sie wird uns immer einsam machen, aber sie ist das einzige, was wir entgegenstellen können.«

MÖGLICHE ANSICHTEN ÜBER HERRN GANTENBEIN

Ich stelle mir vor:

Im Anfang war vermutlich eben diese Formel: »Ich stelle mir vor:«. Die Formel für Tätigkeiten der Einbildungskraft. Die Floskel für das Imaginierte. Vielleicht lag hier die eigentliche Keimzelle dieses neuen Erzählwerks von Max Frisch. Ein Roman mithin, veranlaßt durch eine Formel der Einbildungskraft: den Entschluß eines Epikers, Geschichten zu erzählen, aber ohne das übliche Spiel mit der Glaubwürdigkeit des Lesers zu treiben. Die Illusion des Lesers soll immer wieder gestört, sein Bedürfnis nach seelischer Vereinigung mit den Gestalten und ihrem romanhaften Treiben immer wieder dadurch enttäuscht werden, daß unablässig bloß eine vorgestellte Welt, eine Vorstellungswelt zugelassen wird.

Ich stelle mir vor:

Da war eine Frauengestalt, die den Erzähler Max Frisch als Romanfigur gereizt haben muß. Lila, die Schauspielerin. Aber ist sie eigentlich eine Schauspielerin? Im Verlauf des Buches wird auch sie einigermaßen »umfunktioniert«. Mal mit Kind, mal ohne Kind. Mal Tochter kleiner Leute, mal italienische Gräfin. Wahrscheinlich lag hier, im Bedürfnis nach Gestaltung einer Schauspielerin in ihrem ständigen Wechsel zwischen vorgestelltem Bühnenleben und »wirklichem« Leben, ein weiterer Grundimpuls des Romans. Wobei der Erzähler, ziemlich am Schluß des Buches, festzustellen glaubt: »Einzige Gewißheit über Lila: so wie ich sie mir vorstelle, gibt es sie nicht.«

Ich stelle mir vor:

Da war schließlich noch Friedrich Dürrenmatts frühes Drama von dem Blinden. Es muß auf Frisch einen großen Eindruck gemacht, ihn nicht wieder losgelassen haben. In Max Frischs »Tagebuch 1946-1949« wird Dürrenmatts Konstellation vom Tagebuchschreiber so interpretiert:
»Ein Blinder, der die Zerstörung seines Herzogtums nicht wahrgenommen hat, glaubt, er lebe immer noch in seiner festen Burg. In seinem Glauben, in seiner Einbildung verwaltet er ein heiles und verschontes Land. So sitzt er inmitten von Ruinen, die er als Blinder ja nicht sehen kann, umringt von allerlei wüstem Gesindel des Krieges, von Söldnern, Dirnen, Räubern, Zuhältern, die nun den blinden Herzog, seinen Glauben verhöhnend, zum Narren machen wollen, indem sie sich von ihm empfangen lassen als Herzöge und Feldherren, die Hure aber als verfolgte Äbtissin; der Blinde spricht sie an, wie er sich vorstellt, daß sie es verdiene, wir aber sehen die verrotzte Person, deren Segen als Äbtissin er gläubig erbittet – kniend …«
Dies war, vom Tagebuch festgehalten, der Bericht über Fabel und dramaturgische Konstellation, die alleiniges Eigentum Dürrenmatts waren. Der Tagebuchschreiber Max Frisch aber hatte sogleich noch zwei Sätze der Interpretation hinzugefügt, die erkennen lassen, was ihn selbst so stark am Schicksal dieses Blinden gereizt hatte:
»Musterbeispiel einer theatralischen Situation: die Aussage liegt gänzlich im Widerspiel von Wahrnehmung und Imagination. Hier spielt das Theater sich selbst.«
Liest man nun die vorgestellte Geschichte vom Herrn Gantenbein, so wird evident, daß Frisch das alte Dürrenmatt-Thema – und damit auch ein Thema seines eigenen »Tagebuchs« aus der ersten Nachkriegszeit – denkspielerisch weiterführte. Bei Dürrenmatt: Der Blinde, der in einer Welt der

Einbildungskraft lebt, aber vom Dramatiker kontrapunktisch in eine reale Welt ganz anderer Art gestellt wurde. In Max Frischs Roman: Der Nur-scheinbar-Blinde, den alle Welt für wirklich blind hält, weshalb man ihm eine Scheinwelt vorspielt, während er selbst durchaus imstande ist, hinter den schwarzen Gläsern der Blindenbrille zu sehen, was an Wirklichem um ihn her vorgeht.

Ich stelle mir vor:

Dies waren die eigentlichen Bauelemente eines Romans, den Max Frisch zehn Jahre nach »Stiller« und sieben Jahre nach dem »Homo Faber« vorlegt. Reiz eines romanhaften Spiels mit bloß vorgestellten Geschichten, die ausdrücklich als solche präsentiert werden; Gestaltung einer Schauspielerin im ständigen Wechselspiel zwischen gespieltem und gelebtem Dasein; der vorgestellte Blinde.

Wobei noch ein anderes Moment der Blindengeschichte den Erzähler Frisch, also gerade *nicht* den Dramatiker Frisch, reizen mußte. Dürrenmatts Blindengeschichte war, mit Frisch zu sprechen, das »Musterbeispiel einer theatralischen Situation«. Die Rüpel spielten vor dem blinden Herrscher ein Theater auf dem Theater, und der Zuschauer im Parkett erlebte bewußt das Doppelspiel. Diese Möglichkeit ist dem Romanleser in Max Frischs Umkehrung der Blindengeschichte genommen. Der scheinbar blinde Herr Gantenbein hat sich höhnischerweise an die Stelle des Theaterbesuchers gesetzt. Man spielt ihm als einem blinden Mann beruhigendes Lebenstheater vor, aber seine sehenden Augen erlauben ihm gleichzeitig, diese Illusionspossen und Betrügereien – je nachdem – erheitert oder deprimiert zur Kenntnis zu nehmen. Diesen Vorgang zu schildern, bedurfte es eines Erzählers, der beides gleichzeitig dem Leser zu berichten hat: die vor ihm gespielte Welt und die von ihm gesehene und reflektierte Welt. Das aber war, im Gegensatz zu Dürrenmatts Geschichte, der Musterfall einer epischen, nicht einer theatralischen Konstellation. Dies Doppel- oder Tripelspiel war nicht auf der Bühne darzustellen, es mußte von einem Erzähler berichtet werden.

Ich stelle mir vor:

Zu diesen drei Bauelementen gesellte sich schließlich noch eine Grundthematik, die in Max Frischs gesamtem Werk immer wieder gestaltet wurde: in Schauspielen wie »Don Juan oder Die Liebe zur Geometrie« ebenso wie in »Andorra«, im »Stiller« genauso wie im »Homo Faber«. Es ist dies gar nicht so sehr die Frage nach der Einheit der Persönlichkeit, oder besser: der Zweifel an dieser allgemein angenommenen Einheit. Natürlich steht zu vermuten, daß auch diese neue Geschichte vom Herrn Gantenbein von vielen Lesern und Kritikern einfach als Neuauflage der Geschichte des Bildhauers Stiller bezeichnet werden wird. Das ist sie zweifellos nicht, denn an Stillers Geschichte hatte Max Frisch weniger der Versuch seines Bildhauers gereizt, aus der Stiller-Existenz auszubrechen, als der tiefe Gegensatz, der in unser aller Leben in jedem Augenblick dadurch entsteht, daß wir etwas nicht gleichzeitig »erleben« und »deuten« können. Das eine ist der gelebte Augenblick, das andere seine nachträgliche Deutung durch uns selbst. Durch uns selbst – und durch die Andern, die uns und unser Dasein von außen sehen. Nur von außen. Max Frisch, der dieses Thema immer wieder umkreist – wie sehen wir uns selbst, wie sehen uns die Andern? –, hat gleichzeitig erkannt, daß diese Eigentümlichkeit unseres Lebens eng mit Sprechen und Sprache zusammenhängt. Ein Anderes ist der erlebte, ein Anderes der nachträglich erzählte Lebensvorgang.

Auch diese Grunderkenntnis, die das eigentliche geistige

Thema des Gantenbein-Romans mitumfaßt, wurde bereits 1947 im »Tagebuch« formuliert, wie sich überhaupt dieses Tagebuch, der erste große literarische Erfolg Max Frischs, immer stärker als Keimzelle seines gesamten späteren Werks präsentiert. Ebenso wie die Stücke »Graf Öderland« und »Andorra« in erster Skizzierung bereits im Tagebuch vorkommen, so kann man auch Gantenbeins Geschichte, nicht bloß ihren Teilaspekt des gespielten Blindseins, bis ins Tagebuch zurückverfolgen. Dort bereits stand es so zu lesen:

»Jeder Gedanke ist in dem Augenblick, wo wir ihn zum erstenmal haben, vollkommen wahr, gültig, den Bedingungen entsprechend, unter denen er entsteht; dann aber, indem wir nur das Ergebnis aussprechen, ohne die Summe seiner Bedingungen aussprechen zu können, hängt er plötzlich im Leeren, nichtssagend, und jetzt erst beginnt das Falsche, indem wir uns umsehen und Entsprechungen suchen... (Denn die Sprache, selbst die ungesprochene, ist niemals imstande, in einem Augenblick alles einzufangen, was uns in diesem Augenblick, da ein Gedanke entsteht, alles bewußt ist, geschweige denn das Unbewußte) ... so stehen wir denn da und haben nichts als ein Ergebnis, erinnern uns, daß das Ergebnis vollkommen stimmte, beziehen es auf Erscheinungen, die diesen Gedanken selber nie ergeben hätten, überschreiten den Bereich seiner Gültigkeit, da wir die Summe seiner Bedingungen nicht mehr wissen, oder mindestens verschieben wir ihn – und schon ist der Irrtum da, die Vergewaltigung, die Überzeugung.«

Ich merke an:

Folgerichtigkeit und Erfindungsreichtum, womit Max Frisch sein künstlerisches Grundthema von der Diskrepanz des gelebten und des interpretierten Lebens immer weiterverfolgt, sind auch von diesem dritten Roman zu konstatieren, der keineswegs eine »Verwässerung« der Stiller-Geschichte darstellt, sondern sich mit den Romanen »Stiller« und »Homo Faber« zu einer Trilogie vereinigt: nicht in dem Sinne einer erzählerischen Einheit, sondern etwa in der Art, wie Wilhelm Raabe den »Hungerpastor«, den »Abu Telfan« und den »Schüdderump« selbst als »Trilogie« bezeichnet hatte, weil ihnen ein geistiges Grundthema gemeinsam war.

Bereits »Stiller« und »Homo Faber« waren als Komplementärromane angelegt. Der Bildhauer Stiller hatte sich nichts sehnlicher gewünscht als ein zweites Dasein, das er an die Stelle seines offenbar mißglückten ersten setzen konnte. Faber als Mensch des technischen Zeitalters, der eine völlig berechenbar gewordene Welt anzunehmen gedachte, hatte das völlig Unwahrscheinliche erleben müssen: das Schicksal des Ödipus. Er hatte ein zweites Dasein geführt, ohne es zu wissen.

Und Herr Gantenbein? Er ist nicht naiv wie Stiller, denn er weiß, daß man sich zwar andere Lebensweisen erfinden, aber die vielen möglichen Leben nicht real durchleben kann. Stiller wurde schließlich gewaltsam gezwungen, wieder Stiller zu werden. Goethes »Faust« war eine Tragödie, weil sich Faust das Ungeheuerliche vornahm: mit Hilfe des Teufels sein eigentliches wirkliches Dasein zum Leben aller menschlichen Möglichkeiten zu erweitern. »Und was der ganzen Menschheit zugeteilt ist / Will ich in meinem innern Selbst genießen.« Man weiß, wie die Geschichte ausging. Herr Gantenbein hat daraus gelernt. Er notiert:

»›– vielleicht sind's zwei oder drei Erfahrungen, was einer hat‹, sage ich, ›zwei oder drei Erfahrungen, wenn's hochkommt, das ist's, was einer hat, wenn er von sich erzählt, überhaupt wenn er erzählt: Erlebnismuster – aber keine Geschichte‹, sage ich, ›keine Geschichte.‹ Ich trinke, aber mein Glas ist leer. ›Man kann sich selbst nicht sehen, das ist's, Geschichten gibt es nur von außen‹, sage ich, ›daher unsere Gier nach Geschichten!‹ Ich weiß nicht, ob der Barmann mir zuhört, nachdem er sechs Jahre im Ural gewesen ist, und nehme mir eine Zigarette, um unabhängig zu sein. ›Haben Sie eine Geschichte?‹ frage ich, nachdem er mir eben erzählt hat, was er offenkundig für seine Geschichte hält, und sage: ›Ich habe keine.‹«

Und noch kurz darauf:

»›Jeder Mensch erfindet sich früher oder später eine Geschichte, die er für sein Leben hält‹, sage ich, ›oder eine ganze Reihe von Geschichten‹, sage ich.«

Ich merke an:

Diese Sätze des Herrn Gantenbein aus Frischs Roman kennt man bereits als künstlerische Selbstaussagen von Max Frisch. In einem sogenannten »Werkstattgespräch« von 1961 hatte er gemeint: »Jeder Mensch (ich spreche jetzt nicht vom Schriftsteller, sondern von seinem Helden), jeder Mensch erfindet sich früher oder später eine Geschichte, die er, oft unter gewaltigen Opfern, für sein Leben hält, oder eine Reihe von Geschichten, die mit Namen und Daten zu belegen sind, so daß an ihrer Wirklichkeit, scheint es, nicht zu zweifeln ist. Trotzdem ist jede Geschichte, meine ich, eine Erfindung. Und daher auswechselbar. Man könnte mit einer fixen Summe gleicher Vorkommnisse, bloß indem man ihnen eine andere Erfindung seines Ichs zugrunde legt, sieben verschiedene Lebensgeschichten nicht nur erzählen, sondern leben. Das ist unheimlich. Wer es weiß, hat Mühe zu leben.«

Nun ist es durchaus möglich und auch üblich, daß ein Autor

gewisse künstlerische Einsichten – man denke an Goethe und Wilhelm Meister, an Büchner und seinen Lenz – einfach einer von ihm geschaffenen Figur in den Mund legt. Hier aber, bei Frisch vollzieht sich doch noch etwas anderes. Es bleibt nämlich durchaus fraglich, ob es sich bei diesem Menschen in der Bar, der sich langsam und planmäßig betrinkt und kurz darauf die Schauspielerin Lila kennenlernt, um irgendeinen realen Herrn Gantenbein handelt, der vor dem nicht zuhörenden Barmann einige Grundansichten des Schriftstellers Max Frisch als eigene Einsichten verkündet. Denn wer ist Gantenbein? Gibt es Herrn Gantenbein? Zu Beginn des Romans erleben wir, wie ein Erzähler, der in der Ich-Form berichtet, diese Figur des Gantenbein sorgfältig montiert. Den Körper findet er bei einem fremden Herrn, der er in Paris auf der Straße vor sich gehen sah. Aber nur der Körper war zu brauchen. »Sein Gesicht kam nicht in Frage.« Den Kopf bot ein Amerikaner auf der 34. Straße in New York. »Sein Gesicht kam in Frage.« Der Körper war nicht zu gebrauchen. So wird vom Erzähler eine Gestalt montiert. Sie bekommt auch schließlich – auf Seite 30 – einen Namen zugewiesen. »Sein Name sei Gantenbein.« Im Verlauf der Geschichte scheint es dann dem Erzähler jedoch immer zweifelhafter zu werden, ob die von ihm erfundenen Geschichten Gantenbeins wirklich »abendfüllend« genug sein konnten als fingiertes Gewand für ein ganzes Menschenleben. Die Blindenrolle Gantenbeins wird zunächst virtuos ausprobiert in allen Varianten, vom Schachspiel des fingierten Blinden bis zu seinem Verhalten bei Überschwemmung in der Wohnung, weil der Wasserhahn im Badezimmer von Lila nicht zugedreht wurde. Wie soll sich Gantenbein verhalten, wenn er einerseits nicht sehen darf, daß die Teppiche und Möbel in Überschwem-

mungsgefahr sind, andererseits aber nicht, um der gespielten Rolle willen, die Wertstücke gefährden will.
Aber bereits auf Seite 253 findet der Erzähler das Blindenspiel »nachgerade langweilig«. Worauf er sich den Fall ausdenkt, daß Gantenbein plötzlich seine Rolle aufgibt.
Dies alles sind mögliche Geschichten eines Herrn Gantenbein, den der Erzähler mit vielen Lebensvarianten ausprobiert und ausstaffiert.
Aber er versucht es nicht bloß mit der Figur des Gantenbein. (Wohlgemerkt: es ist allein von dem Erzähler innerhalb des Romans die Rede, nicht vom Autor Max Frisch!) Es wird auch ein Universitätsdozent Doktor Enderlin ausprobiert, der einen Ruf nach Harvard hat, aber nicht annimmt. Es wird ein böhmischer Ehemann der Lila, Herr Svoboda, ausprobiert: ein ganz anderer Typ als Gantenbein. Aber auch er muß dazu herhalten, die Geschichte zu erleben, zu durchdenken und zu erfühlen, die der Erzähler offensichtlich selbst erlebte: die Geschichte eines Mannes, den eine geliebte Frau verlassen hat (war sie geliebt?) und der sich nun allein in der verlassenen Wohnung findet. Diesem Erlebnis nun werden die Kleider Gantenbein, Enderlin, Svoboda anprobiert. Svoboda ist übrigens ein Architekt: wie Max Frisch. Es kommt schließlich in der Vorstellungswelt des Erzählers auch noch ein Herr namens Siebenhagen vor, und der Erzähler fragt sich auf Seite 482 »Muß ich auch Siebenhagen noch erfinden?«. Er tut es dann nicht, denn auf Seite 406 hatte er sich bereits entschieden: »Mein Name ist Gantenbein.« Kleine Zweifel sind noch zu überwinden, dann jedoch heißt es auf Seite 420: »Mein Name sei Gantenbein! (Aber endgültig.)« Die Wandlung vom Punkt hinter Gantenbein zum Ausrufungszeichen zeigt den schwer gefaßten Entschluß an. Der Erzähler hat sich zu

der Lebensvariante als Herr Gantenbein entschlossen. Der falsche Blinde, der schließlich angibt, daß er niemals blind war, worauf die Liebes- und Lebensbeziehung zu Lila abbricht, erweist sich als bestmögliche Geschichte für das Erlebnis, das in eine Geschichte verwandelt werden soll.
Bis der Erzähler am Schluß das Schachbrett mit all seinen Figuren einfach umwirft. Er hat auch die Variante eines plötzlichen Herztodes ebenso ausprobiert wie die einer Wasserleiche in der winterlichen Limmat. Zum Schluß aber sitzt der Erzähler wohlbehalten am Tisch in einem glühend heißen italienischen September. Er sitzt nicht allein am Tisch. Man wartet auf den gerösteten Fisch. »Leben gefällt mir –« Die letzten Worte des Romans. Als Abschluß ein Gedankenstrich. Bei Büchner hieß das: »So lebte er hin...«
Ein Ausklang mit dem realen Erzähler, der offensichtlich wieder »Anschluß« gefunden hat. Die früheren Erlebnisse wurden in Geschichten verwandelt: mit den erfundenen Figuren Gantenbein, Enderlin, Svoboda, die alle das gelebte Leben des Erzählers in vielfachen Varianten durchzuprobieren hatten, bis Gantenbein sich als besonders kleidsam erwies.
Es zeigt sich, daß diese Verwandlung eines wirklichen Erlebnistatbestandes in zahlreiche – vorgestellte – mögliche – Geschichten im Falle des Mannes und Erzählers im wesentlichen gelingt. Die Art, die Gantenbein montiert wird und seine Blindenrolle aufbaut, ist tief humoristisch und ausgezeichnet erzählt. Die Art auch, wie der Erzähler zwischen Gantenbein und Enderlin schwankt, oder zwischen den verschiedenen Verhaltensweisen Enderlins, ist sehr eindrucksvoll. Höhepunkt ist die Meditation des Erzählers in der Rolle des Enderlin:

»Ich wäre Enderlin, dessen Mappe ich trage, aber unsterblich, so, daß ich sein Leben, meinetwegen auch nur einen Teil seines Lebens, ein Jahr, meinetwegen sogar ein glückliches Jahr, beispielsweise das Jahr, das jetzt beginnt, noch einmal durchzuleben hätte mit dem vollen Wissen, was kommt, und ohne die Erwartung, die allein imstande ist, das Leben erträglich zu machen, ohne das Offene, das Ungewisse aus Hoffnung und Angst. Ich stelle es mir höllisch vor.«

Gegen den Schluß hin verlieren die Varianten an Fülle und erzählerischem Reiz. Gantenbein als Vater und Alternder ist nicht mehr als eine – künstlerisch unnotwendige – Variante. Es zeigt sich: die Verwandlung von Wirklichkeit in zahllose mögliche Geschichten, eines Wirklichkeitsmenschen in einen Möglichkeitsmenschen, hebt deshalb die künstlerische Auswahl und ästhetische Selektion nicht auf. Die Verwandlung von Leben in Geschichen ist Verwandlung von Dasein in Kunst. Dies ist Max Frischs eigentliches Romanthema. Aber im zweiten Teil seines Romans scheitert er weitgehend daran, daß alle Verwandlung von Leben in Möglichkeiten voraussetzt, daß es sich um künstlerisch *fruchtbare* Möglichkeiten handelt. Max Frisch aber war als Erzähler offenbar gewillt, auch die sterilen Varianten auszuprobieren.

Das zeigt sich sehr deutlich an seiner sehr reizvollen Frauengestalt Lila. Mit der nämlich wird der Erzähler beim Kleidertausch erstaunlicherweise nicht fertig. Der Ich-Erzähler bewegt sich ganz angemessen als Gantenbein, Enderlin oder Svoboda. Aber Lila bleibt eine Schauspielerin. Alle anderen Geschichtenkleider stehen ihr nicht. Die Figur hat sich am Erzähler und seinen Prinzipien gerächt. Das italienische Kleid steht der Lila ebensowenig wie seine Vaterrolle dem

Gantenbein. Die Varianten sind unnotwendig, wodurch gegen den Schluß des Romans hin der Leser ein Gefühl der Langeweile und Lustlosigkeit verspürt, er wird jedoch gezwungen, sein Pensum zu absolvieren. Um das Beispiel mit der Kleideranprobe wieder aufzugreifen, denn es stammt von Frisch, der zu Beginn seinen Erzähler erklären ließ: »Ich probiere Geschichten an wie Kleider!«, so hat man gegen Ende des Romans den Eindruck, einer Anprobe von Kleidern beizuwohnen, bei welcher der Anprobierende von vornherein weiß, daß er diese Kleidungsstücke auf keinen Fall nehmen wird. Das aber rächt sich im künstlerischen Bereich.

Ich merke an:

Auch dies muß der Erzähler begriffen haben, nicht bloß sein Autor Max Frisch. Am Ende des Romans, kurz vor der Schlußszene, meditiert er darüber, wie es mit der Verwandlung von Leben in Geschichten, jenseits aller Gantenbeins, nun weitergehen wird. Der Erzähler notiert:

»Eines Tages werde ich verhört werden.

›Also‹, sagt jemand, ›was ist nun eigentlich geschehen in Ihrem Leben, das zu Ende geht?‹«

Man hält ihm entgegen: »Sie erzählen lauter Erfindungen.«

Er repliziert: »Ich erlebe lauter Erfindungen.«

Wie also? Wer spricht hier? Wohl immer noch der Erzähler innerhalb des Romans. Aber diesmal scheint der Schatten des Autors Max Frisch hinter ihm sichtbar zu werden. Genauso wie an jener Stelle des Romans, wo der Erzähler gewisse Gedanken aus einem Werkstattgespräch von Max Frisch vor einem Zürcher Barmann geäußert hatte. Die verschiedenen Figuren von Gantenbein und Konsorten waren Entäußerungen eines Erzählers gewesen. Der Erzähler aber nimmt plötzlich die Züge eines konkreten Max Frisch an, der erkennen läßt, daß auch sein Roman vom Herrn Gantenbein nicht bloß eine Abwandlung des Grundverhältnisses von Leben und Erzählen, Wirklichkeit und Möglichkeit sein sollte, sondern auch eine neue künstlerische Variation über das Grundthema: Leben als Wiederholung, Altern als Lebenswiederholung. Wieder ist man bei Kierkegaard und seinen Gedanken über die Hölle der Wiederholung. Das Kierkegaard-Motto des »Stiller« war noch halb ironisch gesetzt, denn der Romanverlauf bei Stiller widerlegte das Motto. Diesmal fehlt ein Kierkegaard-Motto, aber der Romanverlauf hat ein geheimes Kierkegaard-Thema.

Ich merke an:

Das geheime Kierkegaard-Thema des Romans hat mit der Frage zu tun, ob Leben als eine rein ästhetische Existenz möglich sei. Alle Varianten des Erzählers für sein Erlebnis haben mit einer arbeitslosen, rein genießenden, sogar parasitären Existenz zu tun. Der Erzähler hat das gewollt und gestaltet. Gantenbein als Parasit. Als ausgehaltener armer Blinder, der gar keiner ist. Die Romanwelt bietet ein Dasein des wohlhabenden Alltags, der permanenten Konsumtion, der Erzähler ist ein Spielender und ein Spieler. Er entwirft Geschichten. Das ist seine Form der Produktivität. Dies alles sei einfach als Feststellung des Romansachverhalts gesagt, ganz ohne anklägerisches Grollen.

Frischs Romantitel hätte auch »Homo ludens« lauten können als Gegenstück zum »Homo Faber«. Damit aber wird am Schluß der künstlerische Arbeitsprozeß eines Erzählers selbst zum Romanthema. Auch das Buch mit dem Titel »Mein Name sei Gantenbein« könnte als Untertitel tragen: »Roman eines Romans«. Eines Romans freilich, der allen herkömmlichen Einheitsvorstellungen von dieser Gattung widerspricht und weit eher, auch in der Form, dem Charakter des Tagebuchs eines Romanschreibers nahekommt. Wir erinnern uns, daß schon Thomas Mann sein reales Tagebuch über die Entstehung des »Doktor Faustus« als romanhaft empfand und als »Roman eines Romans« bezeichnete.

Ich frage mich:

Wie aber soll dem Leser geantwortet werden, der begierig auf ein Urteil über einen neuen Roman von Max Frisch wartet. Eine solche Neuerscheinung ist keine kleine Sache. Ist das ein guter oder ein schlechter Roman? Wie soll man antworten? Ein Roman, der Illusionen des Lesers von vornherein zerstört und nur Vorgestelltes geben will; der den Leser immer wieder zusehen läßt, wie der Erzähler Geschichten anprobiert, die ihm nicht passen; manchmal weiß das der Erzähler, manchmal vielleicht auch nicht. Dann ist der Leser sehend und der Erzähler blind. Dem Leser gefallen einige Geschichtenkleider nicht, dem Erzähler offensichtlich wohl. Die eigentlichen Gantenbein-Kleider sind im allgemeinen sehr reizvoll: der Grundeinfall des Romans – vorgestellte Geschichten plus Lila plus gespielter Blindheit – ist tragfähig. Aber nur begrenzt tragfähig.

Begrenzt tragfähig ist wohl auch, nach dem »Stiller«, der Versuch, ein Leben der reinen Konsumtion, der bloßen geistigen Reproduktion, einen Alltag der wohlsituierten Wiederholung romanhaft zu gestalten. Auch der Romancier scheitert schließlich bei dem Versuch, statt irgendwelcher außergewöhnlicher Geschichten den baren Alltag in einer Welt darzustellen, wo die Beziehungen der Geschlechter gleichfalls zur bloßen Konsumtion geworden zu sein scheinen.

Ich frage mich:

War dies flaue Gefühl vor lauter Geschichten aus dem Alltagsklischee, das den Leser schließlich beschleicht, notwendige Folgerung aus Max Frischs künstlerischem Grundplan, einen heutigen Homo ludens im Zwiespalt zwischen Leben und Erzählen zu zeigen? Oder hat der Parasit Gantenbein im Roman über den Erzähler gesiegt? Und damit über Max Frisch.

DIE SCHULD DER SCHULDLOSEN

»Tagebuch 1966-1971«

Die Einwände waren sogleich zur Hand, als bekannt wurde, Max Frisch denke abermals daran, ein Tagebuch zu veröffentlichen. Erinnerung an sein erfolgreiches erstes »Tagebuch 1946-1949« drängte sich auf. Also ein *remake*. War nicht der letzte Roman über Herrn Gantenbein schon Nachlieferung zum »Stiller« und zum »Homo Faber«? Dann das Theaterstück »Biografie: Ein Spiel«. Konnte selbst ein Bewunderer des Schriftstellers behaupten, hier werde behandelt, was in den früheren Stücken, Romanen oder Essays noch nicht traktiert worden war?
Dann überhaupt: Tagebücher sind, wie jeder weiß und zu verkünden weiß, Grabkreuze auf den Friedhöfen für ungeschriebene Bücher. Frisch jedoch hatte es in jenem Nachkriegstagebuch, einem seiner wichtigsten Texte, genau umgekehrt gehalten.
Andere Praktiker des literarischen Tagebuchs pflegen die Entwürfe zu größeren Werken wenigstens zu skizzieren: in der Gewißheit, die Ausführung dann gar nicht zu wagen. »Hier ruht ein nicht geschriebenes Buch.« Frisch dagegen entwarf Geschichten in jenem Tagebuch der ausgehenden vierziger Jahre, die er im Laufe der Zeit tatsächlich ausgeführt hat: das Theaterstück vom Grafen Öderland; die Geschichte vom andorranischen Juden, der keiner war, aber so behandelt wurde; Bericht über Herrn Gantenbein, welcher Lebensläufe anprobierte wie andere Anzüge. Tagebuch also nicht als Friedhof, sondern als Brutanstalt künftiger Werke.

Was wird, fragte man sich also, halb wehmütig und etwas mokant, dies neue Tagebuch bringen? Abermals Brutstätte künftiger Romane und Stücke, oder Abschluß einer Kreisbewegung als Abschluß einer literarischen Laufbahn? Vom Tagebuch zum Tagebuch.

Es liegt nun vor, dies neue »Tagebuch 1966-1971«, und es ist alles ganz anders. Gewiß keine überraschende Neugeburt, auch kaum ein Konzentrat von Skizzen künftiger Bücher. Allein schon im damaligen Nachkriegstagebuch hatte Frisch über den Sinn solcher Tagebücher nachgedacht und gemeint: »Die Zeit verwandelt uns nicht. Sie entfaltet uns nur.« Genauso verhält es sich mit der Relation zwischen dem damaligen und dem neuen Journal. Ohnehin schrieb Frisch niemals ein »Journal intime«. Autobiographie war da nicht zu finden, oder nur in jenem Sinne, wie ihn jedes Werk eines Schriftstellers enthält: nicht weniger, aber auch kaum mehr.

Wovon handelt das neue Tagebuch? Abermals vom Leben nicht eines zufälligen, wenngleich sehr begabten Menschen, sondern ausdrücklich von der Existenz eines Zeitgenossen allgemeiner Ereignisse. Die Ära Chruschtschow, Kennedy, Papst Johannes ist zu Ende. Frisch reist immer noch viel und offenbar gern. Damals in der Nachkriegszeit durch das zerstörte Deutschland, nach Prag, Warschau, zum Kongreß der Intellektuellen in Breslau-Wroclaw. Diesmal in die Sowjetunion, er fährt auf der Wolga als Ehrengast bei den Feiern zum Jubiläum Gorkis. Ein Lunch in der Cafeteria des Weißen Hauses mit Dr. Kissinger. Israel und Prag. Besuch in Warschau und Gastprofessur an der Columbia University in New York.

Viel Literatur, wie schon damals, und wie es sich versteht. Übrigens treten die Glossen zur Theaterpraxis bei den Exkursen zu schriftstellerischen Themen bald zurück. Damals konnte Frisch über Aufführungen der ersten Nachkriegsstücke berichten; nun ist nur noch Erfahrung aufzuschreiben mit der »Biografie«. Das Theater scheint für diesen Autor an Bedeutung verloren zu haben. Wie das kam, wird im Tagebuch ausgespart: Es gehört zu den vielen Verschweigungen, die überall dort auffallen, wo in der Tat einmal Autobiographisches ins Spiel gekommen wäre.

Ein hochmerkwürdiger Prosatext verarbeitet die Erzähltechnik der russischen Romanschreiber aus dem 19. Jahrhundert und holt sich den Gutsbesitzer Posdnyschow aus Tolstois »Kreutzersonate« in einen schweizerischen D-Zug, mit dem Fahrziel Hauptbahnhof Zürich. Lustiger Kontrast zwischen den langen russischen Eisenbahnfahrten samt Samowar, die es Tolstoi erlaubten, die Geschichte Posdnyschows als Bericht im Eisenbahnzug nach Sibirien anzulegen, und einer Tolstoi-Geschichte vom Jahre 1971, nicht wesentlich anders strukturiert als damals in der »Kreutzersonate«, wo aber die von Frisch virtuos durchgehaltene (und nachgeahmte) Erzählweise mit Väterchen, Teetrinken, Fjodor Iwanowitsch immer wieder in Konflikt gerät mit der allzu kurzen Eisenbahnfahrt von Biel nach Zürich. Äußerst witzig und gut erzählt: um das Ende einer vergangenen Erzähltechnik zu demonstrieren.

Dabei war es Frisch ursprünglich wohl kaum auf den Epiker Leo Tolstoi angekommen, weit eher auf den Religionskritiker, Religionsstifter, auf den Verweigerer. Zum essayistischen Höhepunkt in diesem Tagebuch wird die Auseinandersetzung Frischs mit Tolstois Lebenslehre. Er hat sie als Dialog angelegt zwischen A und B, zwei Sprechern eines einzigen Ego. Ausgehend, wie könnte es anders sein, von der Frage »Wie stehst du zur Gewalt als Mittel im politischen Kampf?« kommt das Gespräch auf die Gegenge-

walt, den Staat, die Revolution. Frisch A diskutiert mit Frisch B über Tolstois Forderung nach der »Vernichtung jener Gewalt, die sich Regierung nennt, und von der die größten Leiden der Menschheit herrühren«. Worauf Frisch B gesteht, diese Sätze bei Tolstoi angestrichen zu haben, »weil sie mir zu Bewußtsein bringen, wie brav ich bin, wie staatsgläubig«. Dies Tagebuch hat weit stärker noch als das frühere ein geheimes Thema: das Phänomen des Alters und des Alterns. Verstanden weniger als physiologische und geistige Erfahrung eines Menschen, der gegen Schluß des Buches seinem 60. Geburtstag entgegenfährt, denn als Konfrontation einer älteren mit einer jüngeren Generation.
Frisch ist Zeitgenosse gerade auch darin, daß er es ganz unbeeindruckt von literarischen Moden, immer wieder mit Themen zu tun bekommt, die »in der Luft hängen«. Seit Benn sich mit dem Altern als einem »Problem für Künstler« befaßte, wurde das Thema fast zur Modereflexion. Frisch nutzt die disparaten Möglichkeiten eines Tagebuchs. Im exklusiven Kurhaus und im Unterengadin wird ein zeitgemäßer und exklusiver Selbstmörderklub gegründet: die »Vereinigung zur Verjüngung der abendländischen Gesellschaft«, mit dem Ziel, den Freitod zu einem gesellschaftlich-sittlichen Postulat zu machen. Ein Klubmitglied, das senil wurde, soll durch Mehrheitsbeschluß zum freiwilligen Verschwinden veranlaßt werden. Freilich gibt es bei der Prozedur ein Berufungsverfahren.
Frisch spielt die Möglichkeiten ebenso melancholisch wie lustig durch. Abermals hilft ihm, wie bei seiner Gegenversion zu Tolstoi, der Kontrast zwischen körperlich-seelischer Not und schweizerischem Hotel-Komfort. Hinter dem scheinbaren Ulk die bare Scheußlichkeit. Senilität verkoppelt mit realer Macht: wirtschaftlicher, politischer, Al-

tern als Problem für Zeitgenossen von Adenauer, de Gaulle, auch Stalin.
Das Grundthema vom Alter aber läßt ein noch geheimeres und wichtigeres Leitmotiv dieses genau komponierten Tagebuchs ahnen: das Phänomen der Ohnmacht. Das französische Wort *impuissance* vereinigt beide Bedeutungen: die körperliche und die gesellschaftliche. Eigentliches Thema Frischs ist hier die Ohnmacht eines Zeitgenossen bei der Konfrontation mit einer gut arbeitenden Bürokratie, auch für Schriftsteller, in der Sowjetunion. Oder im Hause des Präsidenten Nixon. Als Reflexion über die Ermordung des gewaltlosen Martin Luther King. Schließlich als Hauptfrage für Schriftsteller: nach ihren Möglichkeiten nämlich, zu verändern und der Mitschuld zu entgehen.
Das Tagebuch des Jahres 1968 endet so: »Manchmal trinkt er gegen Abend (dabei sagt er sich jeden Morgen, das müsse jetzt aufhören) zuerst Wein, dann Grappa, weil er nur weiß, daß es nicht stimmt, was er denkt, was er sagt, was er tut, was er weiß.« Drei Jahre später (1971) wird über jemanden festgestellt, wobei auch er selbst das konstatieren kann: »Laut Dossier haben Sie kaum anders gelebt als andere Nutznießer, die diese Gesellschaft in Ordnung finden.«
Ein Tagebuch von der Gewalt und von der Ohnmacht – nicht nur der Schriftsteller. Von der Funktion jener Leute, die sich damit begnügen, »vergleichsweise schuldlos zu sein«. Im Sturm und Drang, bei Matthias Claudius blieb nichts, wenn wieder einmal Krieg war, als das Begehren, »nicht schuld daran zu sein«. Max Frisch schreibt, 200 Jahre später, das Tagebuch eines Zeitgenossen und erkennt die Schuld des Schuldlosen.
Übrigens: Die bewegte, klare, genaue und bewegende Prosa Max Frischs zu lesen, ist eine große Freude.

DIE GEHEIMNISSE JEDWEDEN MANNES

»Montauk«

Möglich, daß es ihm langweilig geworden war, immer wieder Leben dadurch in Literatur zu verwandeln, daß er sich Namen und Berufe ausdachte, auch Schauplätze und Konstellationen, während er doch von sich zu berichten gedachte: von Max Frisch, dem einstigen Architekten und jetzigen Schriftsteller. So geht es ihnen allen am Ende. Thomas Mann ließ seinen Hans Castorp, das Sorgenkind aus dem »Zauberberg«, der Abwechslung halber, wie er selbst höhnte, in Hamburg zur Welt kommen, weil es nun einmal auf die Dauer nicht immer bloß Lübeck sein durfte.
Da ist es verständlich, daß einer Lust bekommt, die Spielregeln zu verletzen. Er heißt Max, und in seinem Leben gab es und gibt es Frauen mit Namen Ingeborg oder Marianne. Nun denn: in der neuen Geschichte soll keine Realität manipuliert werden. Ingeborg ist Ingeborg, der Erzähler und noch dazu Icherzähler, heißt Max, die Nordspitze von Long Island, hundertzehn Meilen entfernt von Manhattan, heißt Montauk, und die Liebesgeschichte zwischen Lynn und Max hat sich vermutlich zugetragen »wie im Buch«. Daten, Jahres- und Tageszeiten sind so serviert, daß es die Philologen leicht haben werden.
Was wurde dadurch gewonnen? Der Erzähler der Geschichte hat »gestern« beschlossen, und dies gestern ist unschwer zu rekonstruieren, das Wochenende mit Lynn zu erzählen. »Ohne Personnagen zu erfinden; ohne Ereignisse zu erfinden, die exemplarischer sind als seine Wirklichkeit; ohne auszuweichen in Erfindungen«.

Der alte Traum aller Autobiographen: von Augustinus bis Rousseau und von Goethe bis zu André Gide. Eingerechnet jenen Herrn Michel de Montaigne, der auf dem ersten Blatt von »Montauk« mit dem Hinweis »Au Lecteur« zitiert wird, dem Vorspruch zu mehr als tausend Druckseiten der »Essais«. Was Montaigne geplant hatte, will Frisch nachvollziehen: die vollkommene Aufrichtigkeit, die Identität von Leben und Literatur. Wie hatte Montaigne dekretiert: »So bin ich selber, Leser, der einzige Inhalt meines Buches.«

Goethe war vorsichtiger. Er hatte »Dichtung und Wahrheit« versprochen. Womit ausgedrückt wurde, daß Dichtung keinen Gegensatz zur Wahrheit bildet. Sie ist eine spezifische Form der Wahrheit: als Wahrheit des Kunstwerks. Montaigne ist ein analysierender Denker, kein Dichter. Seine »Aufrichtigkeit« ist eine solche der intellektuellen Redlichkeit. Der Autobiograph Goethe gedachte zu erzählen, und wußte folglich, ganz abgesehen von allen Rücksichten, die ein Minister zu nehmen hat, wenn er Lebensgeschichte mitteilt, daß kein Ablegen der Masken und Hantieren mit »wirklichen« Namen, Orten und Begebenheiten die Antinomie zwischen Erleben und Berichten zu beseitigen vermag.

Ausgerechnet Max Frisch sollte dies alles verkannt haben bei der Suche nach der unerreichbaren Aufrichtigkeit: sich selbst wie den anderen gegenüber? Welchen anderen? Doch wohl den Lesern.

Auf die aber kommt es offensichtlich nicht an. Der Erzähler in »Montauk« will nichts mit ihnen zu tun haben, mit den Kritikern wohl erst recht nicht: »Ich möchte nichts erfinden; ich möchte wissen, was ich wahrnehme und denke, wenn ich nicht an mögliche Leser denke. Schreibe ich denn, um Leser zu befriedigen, um Kritiker zu beliefern! Die Frage, ob man beim Schreiben an den Leser denke, kommt an jeder Universität.«

Freilich ist die obligate Frage von Studenten an den Schriftsteller, der sich mit ihnen auf eine Basis einläßt, ein bißchen kindlich: Ob der geschätzte Autor auch stets an seine Verantwortung für den Fortschritt und die politische, nicht allein ästhetische Erziehung seiner getreuen Leser gedacht habe. Dennoch trifft sich Max Frisch, wenn er so spottet, plötzlich auch selbst. Wie denn? Man habe nichts mit dem Leser zu tun, sondern allein mit sich selbst, mit den Prozessen und mäandrischen Windungen der eigenen Seele, wenn man die Füllfeder zur Hand nimmt oder vor der Schreibmaschine sitzt? Natürlich hat der Schöpfungsvorgang nicht unbedingt mit irgendwelchen Leseerwartungen zu tun oder mit den genauen Vorstellungen, die mancher Kritiker bei sich hegt über den vollkommenen Roman. Aber Literatur ist's doch immer. Stets auch Verwandlung von Leben in Literatur, was heißen soll: Hinüberführen von Geschehen und Erleben in das Ganzandere.

Max Frisch weiß das besser als irgendein anderer. Neben der individuellen Lebenskonstellation des jähen Abschieds, neben dem Schockerlebnis des Lebens als Reproduktion ist das antinomische Verhältnis zwischen Erleben und Beschreiben ein Zentralthema im gesamten Œuvre des Autors. Der Bildhauer Stiller scheiterte, als er sich hartnäckig darauf versteifte, nicht jener Stiller sein zu wollen. Womit er den Versuch unternahm, ein fingiertes Dasein als Realität zu etablieren. Literatur ist Fiktion. Die Tragikomödie des Mannes Stiller beruhte auf einer Verwechslung der Sphären.

Der pragmatische Walter Faber mußte die für ihn bestürzende Erfahrung machen, daß Kitsch auch in einem Lebenslauf produziert werden kann, nicht bloß in der Literatur. Was der Homo Faber nicht ahnen konnte, wußte sein Erzähler Max Frisch. Auch in »Montauk« kommt er auf den Tatbestand zurück. An das Zitat von der Wahrheit, die »dem Menschen zumutbar sei«, knüpft sich ein Streitgespräch zwischen den Liebenden Lynn und Max. »Sie findet es kitschig. Was heißt schon Wahrheit! Wir haben gestritten darüber, was Kitsch ist.«

Stiller also und Faber, schließlich Herr Gantenbein. Er ist das Negativ zu Herrn Stiller. Der Bildhauer hatte erfolglos die Fiktion im Leben integrieren wollen. Gantenbein respektierte die Spielregeln. Er wußte allzugut, daß erlebter Schmerz, sobald er beschrieben wird, nicht unbedingt schmerzhaft auf den Leser wirken muß, sondern vielleicht sogar kitschig. Weshalb Gantenbein sich dem Trubel stets neuer Geschichten ergab. Allerdings wurde der traumatische Lebensbestand dadurch im mindesten nicht verändert.

Im »Montauk« wird es nicht anders gehalten. Dafür bürgt bereits der Untertitel, der ausdrücklich »Eine Erzählung« ankündigt und verheißt. Also Literatur und nicht Leben. Biographie: Eine Erzählung. Daß der Erzähler Max Frisch heißt und mit unverschlüsselten Lebensfakten aufwartet, ändert am Sachverhalt nichts. Es handelt sich hier um eine *Kunstfigur* mit Namen Max Frisch. Das ist kein ungewöhnliches Verfahren in der modernen Literatur. Wenn Günter Grass seinem Oskar Matzerath in der »Blechtrommel« ungeduldig ab und zu die Feder aus der Hand nimmt, weil Oskar allzu aufdringlich gelogen hat, präsentiert sich eine neue Kunstfigur: vielleicht mit Namen Günter Grass.

Weshalb alle Sehnsüchte jenes Max oben in Long Island, ein

aufrichtiges, vollständiges und unbeschönigtes Erzählen vom eigenen Ich betreffend, schließlich *keine Aufrichtigkeit produzieren, sondern eine schöne Geschichte.* Intellektuelle Redlichkeit ist Sache des Denkens. Aufrichtigkeit wird vom vereidigten Zeugen im Prozeß verlangt, oder vom Kind, das die Eltern gern belügen möchte. Vom Schriftsteller wird erwartet, daß er gute Literatur produziert.

Das hat Frisch getan. Seine Erzählung ist kunstvoll komponiert. Dies ist einer seiner besten Texte seit geraumer Zeit. Ein Vergleich mit »Biographie: Ein Spiel« läßt erkennen, daß der Erzähler Max Frisch – heute – dem Dramatiker überlegen ist. Zu bewundern bleibt ein Kunstvorgang, der mit Hilfe jenes amerikanischen Wochenendes in Montauk eine Allgegenwart wichtiger Lebensmomente literarisch herzustellen imstande ist. Die Mutter, die Braut, die erste Frau, Ingeborg, die zweite Frau, diese Lynn eines Jetzt und Hier: sie alle haben ihren kompositorisch genau eingeplanten Platz in einer Geschichte, die als Lebensgeschichte entworfen wurde, aber stets als Lebens*geschichte.* Weshalb diese Erzählung »Montauk« nur vordergründig von einer erotischen Beziehung berichtet zwischen einem 63jährigen Schriftsteller aus Europa und einer noch jungen Amerikanerin.

Im Vordergrund des Romans »Stiller« hatte ein Ehekonflikt gestanden, neben viel anderem. Das geheime und tiefere Thema, denn Stiller war ein Künstler, handelte vom Leben als Klischee. Hinter der Lebens- und Erinnerungsgeschichte »Montauk« entfaltet sich wieder einmal eine typische Künstlerproblematik. »Montauk« berichtet überaus genau und höchst kunstvoll *von der Entstehung einer Erzählung gleichen Namens.* Die Entstehung eines Gedichts, als Gedicht komponiert: das gab es schon seit Goethe und

Mörike. Der sonderbare Reiz, den der Leser von »Montauk« verspürt, hängt mit der Zweideutigkeit einer Erzählung zusammen, deren Thema insgeheim die Entstehung dieser Erzählung bleibt. Also Literatur.
Weshalb der von Max Frisch für den Leser ausgestellte Scheck auf die totale Aufrichtigkeit nicht eingelöst werden kann. Der Mann *Bertolt Brecht*, den Max Frisch genauer beschrieben hat als irgendein anderer, hatte sich diese Grenzen zwischen Leben und Literatur sehr früh schon klargemacht. Seiner späteren Warnung an die Leser, hinter dem »armen BB« bitte nicht den realen Bertolt Brecht suchen zu wollen, war früh bereits die Erkenntnis voraufgegangen, daß die tiefste Substanz eines Lebens, und damit die Möglichkeit in einer Wirklichkeit, nicht mitgeteilt werden kann. Aller Aufrichtigkeit zum Trotz.
In der »Hauspostille« steht die »Ballade von den Geheimnissen jedweden Mannes«, wo es heißt:

> Ihr, die ihr ihn werft in die schwarzgelben Meere,
> Ihr, die ihr in schwarze Erde ihn grabt;
> In dem Sack schwimmt mehr, als ihr wißt, zu den Fischen
> Und im Boden fault mehr, als ihr eingescharrt habt.

Weshalb die Erzählung »Montauk« eine Widerlegung und Zurücknahme des vorangestellten Mottos aus Montaigne bedeutet. Von seinen Geheimnissen hat Frisch auch hier nichts preisgegeben. Aber er wird weiterschreiben können.

Bei jedem neuen Lesen des »Stiller«, ganz wie beim ersten, muß ich innehalten bei einer, stets derselben Stelle. Noch im Anfang der Geschichte, also bei den Aufzeichnungen des angeblichen Amerikaners Mr. White, der nicht Stiller sein will, im Zürcher Gefängnis. Es ist eine paradoxe Konstellation, die Stiller (oder Nicht-Stiller) in der Zelle genießt. So daß er notiert: »Drei Wochen in Zürich zu verbringen, wenn man nicht im Gefängnis wohnt, muß köstlich sein, gerade in dieser Jahreszeit.«

Allein solche Freude am erfüllten Augenblick ist selten. Überdruß zumeist, der plötzlich bis zu seinem Ursprung zurückverfolgt werden kann. Ein Satz bloß, gar kein richtiger, fast ein Stammeln: »Meine Angst: die Wiederholung–!«

Das scheint dem Zellenbewohner in seiner Untersuchungshaft vorerst zu genügen: er weiß schließlich, was gemeint ist. Dann wendet sich die Aufmerksamkeit abermals der wieder aufgetauchten oder neu aufgetauchten Frau zu, der Julika Stiller-Tschudy. Stiller oder White erfreut sich am Paradox: am Kennen und Nichtkennen in einem, so daß in der Notiz sogleich auch die lutherische Bedeutung des Wortes »erkennen« auftaucht. Dann jedoch, nach solchen Notizen, die nunmehr wie ein krampfhaftes Von-einer-anderen-Sache-Reden erscheinen, kommt der Tagebuchschreiber zurück zum Phänomen der Wiederholung. Er macht sich etwas klar.

»Wiederholung! Dabei weiß ich: alles hängt davon ab, ob es gelingt, sein Leben nicht außerhalb der Wiederholung zu erwarten, sondern die Wiederholung, die ausweglose, aus freiem Willen (trotz Zwang) zu seinem Leben zu machen, indem man anerkennt: Das bin ich ...«

Hier brach ich ab beim ersten Lesen: das weiß ich noch, und hielt es auch so bei jeder neuen Lektüre. Jetzt nämlich hatte der Erzähler erreicht, daß Neugier auf den Fortgang der Geschichte jäh abbricht, um der Betroffenheit zu weichen. Das ist stets der Augenblick einer stellvertretenden Erzählkunst, ganz gleich wovon sie berichtet: daß sich ein von einem anderen Erzähltes als Weg zur Selbsterkenntnis erweist. Die Umwelt mag beliebig sein: eine norddeutsche Familiengeschichte in der Hansestadt Lübeck; ein halb reales, halb metaphorisches Schloß irgendwo in Böhmen oder Mähren; ein Tag in Dublin in der fernen Frühe unseres Jahrhunderts, was immer. Betroffenheit tritt an die Stelle der Lesegier.

Allein da ist noch ein anderes, wenn der Leser stutzt, nachdenklich wird bei Stillers Bekenntnis zu seiner Angst vor der Wiederholung. In den großen Erzählwerken nämlich von Thomas Mann oder Kafka, im »Ulysses« wie sogar in der Berliner Geschichte vom Franz Bieberkopf, war die *Einfühlung* möglich, als eine Form der Identifikation. Eben die jedoch wird durch Stiller auch dem Leser verweigert, weil er sich selbst die Identität versagt: die schützende Behausung für ein ratloses Ich.

Auch hier gibt es eine literarische Genealogie: weil in unserer Lebenszeit, in der nunmehr siebzigjährigen Erfahrungsfülle des Verfassers von »Stiller«, neue Formen der Selbsterkenntnis gesucht werden mußten. Als die Zeit »wiedergefunden« wird bei Marcel Proust, ist nichts mehr so, wie es – scheinbar – einmal gewesen sein mochte: keine Individualität und keine gesellschaftliche Konstellation. Gut zwanzig Jahre vor Stiller, der nicht Stiller sein wollte, ließ der englische Erzähler Aldous Huxley eine seiner Kunstfiguren deklarieren: »Ich versuche aufrichtig, die Vielheit von Gestalten zu sein, die in meinem Innern leben und die reihum die Herren meines Geschickes sind.« Der Fall des Bildhauers Stiller, der den Juristen und Polizisten, aber auch all jenen Männern und Frauen so unheimlich ist, die nun einmal zu einer jeden »Biographie« gehören, läßt ahnen, daß es sich bei Stiller um einen Fall Jedermann handeln könnte.

Die Angst Stillers vor der Wiederholung, nämlich vor dem Weiterbestand der eigenen Identität, mußte von den Lesern als verstörend, durchaus nicht als skurril empfunden werden. Auch dafür hatte es früh schon Vorläufer gegeben in der bürgerlichen Gesellschaft. Der Büchner-Preisträger Max Frisch hätte in seiner Dankrede auch das Wort Dantons zu Robespierre zitieren können: »Ich würde mich schämen, dreißig Jahre lang mit der nämlichen Moralphysiognomie zwischen Himmel und Erde herumzulaufen...«

Wer das nicht will, wird den *Ausbruch* versuchen: aus Angst vor der Wiederholung. Auch das hat Stiller in seinem Zürcher Gefängnis zu Ende gedacht: »Doch immer wieder (auch darin die Wiederholung) genügt ein Wort, eine Miene, die mich erschreckt, eine Landschaft, die mich erinnert, und alles in mir ist Flucht, Flucht ohne Hoffnung, irgendwohin zu kommen, lediglich aus Angst vor Wiederholung.«

Auch darin die Wiederholung. Man kann es nicht genauer ausdrücken. Der Kreislauf eines Menschen, dem es gelang, sich selbst zum Sisyphus zu machen. Übrigens liegen bloß zwölf Jahre zwischen dem »Mythe de Sisyphe« von Camus und dem Erscheinen des »Stiller«. Es scheint teuflisch zuzugehen, also wahrhaft menschlich, wie es Stiller in seiner Zelle erscheinen mag: Man möchte der Identität entgehen, weil sie ausweglose Wiederholung bedeutet. Also versucht man den Ausbruch, eine jede Art der Flucht: um solcher Wiederholung zu entgehen. Allein die permanente Revolte und Icherneuerung ist nicht möglich. Jeder Ausbruch führt irgendwohin: worauf alles von neuem beginnt.

Weshalb Stillers Geschichte zurückführen muß zu Stiller. Er wird zur Strecke gebracht, und muß selbst dabei mithelfen. Der scheinbar so harmlose Schlußsatz ist schrecklich: »Stiller blieb in Glion und lebte allein.« Auch dies ist – unvermeidlicherweise – eine Wiederholung und soll vermutlich an Büchner erinnern und an den Schlußsatz der Erzählung vom Dichter Lenz: »So lebte er hin...« Drei Jahre nach Max Frisch wurde im Jahre 1961 der Schriftsteller Hans Erich Nossack mit dem Büchner-Preis ausgezeichnet, kam in seiner Rede auf jene Schlußformel des »Lenz« zu sprechen und meinte: »Der Satz ›So lebte er hin‹ ist der endgültigste Abschluß, der sich denken läßt.«

Allein Max Frisch, der wirkliche und lebendige, unser Jubilar, ist *nicht* Stiller. Er ist ebensowenig, um ein beliebtes Mißverständnis aufzuklären, persönlich haftbar zu machen für die Aufzeichnungen in zwei berühmten Tagebuchbänden. Auch »Montauk« trägt den warnenden Untertitel »Eine Erzählung«. Da berichtet ein episches Ich von einem Mann und seiner Umwelt in zwei Erdteilen. Der Mann selbst spricht von sich, auch in Gedanken, wie von einem Fremden, in der dritten Person, was mit Anklagen zu tun hat. »Trotzdem denkt er an Griechenland, dann wieder an Sylt. Es stört ihn, daß immer Erinnerungen da sind.« Das ist ein Bericht aus Amerika. Immer Erinnerungen. Erinnerungen jedoch sind Wiederholungen.

Dem »Stiller« war ein Zitat aus Kierkegaard vorangestellt worden, und die Germanisten streiten seitdem, ob Stillers Geschichte nun den Kierkegaard bestätigt oder widerlegt. Der »Montauk«-Geschichte wurde ein Motto aus Montaigne beigegeben, und ich möchte vermuten, daß Montaignes Entschluß, durchaus aufrichtig von sich selbst berichten zu wollen, hier zitiert wird, um anzudeuten, daß solche Zuversicht Montaignes vom März des Jahres 1580 nicht mehr geteilt werden kann von einem schreibenden Zeitgenossen, der vierhundert Jahre später lebt, und der nicht mehr zu glauben vermag an das berechenbare, stets zuverlässige Ich.

In all seinen Arbeiten, den scheinbar so privaten und aufrichtigen vor allem, erweist sich dieser Autor als Künstler der Verwandlung und als Meister des Verschweigens. Wer alles gelesen hat, kennt Max Frisch durchaus nicht besser. Allein er hat viel erfahren und gelernt. Es kommt nämlich hinzu, daß dem grundsätzlichen Sachverhalt vom Kreislauf der Wiederholungen ausdrücklich auch noch eine *ästhetische Nutzanwendung* beigefügt wird, die etwa so lautet: Erleben und Berichten, das ist zweierlei. Jeder Bericht über das Erlebte führt sogleich in die Fiktionen: in den besten (und kritischsten) Fällen in den Bereich der Kunst und der Literatur. Der wirkliche Max Frisch hat das als Redner in Frankfurt am Main im Jahre 1964 an berühmten Beispielen erläutert, gleichsam auch als Nutzanwendung für sich selbst. »Der Autor und das Theater«, so war die Ansprache eines erfolgreichen Dramatikers auf einer Tagung von Dramaturgen betitelt.

Da wird eine These entwickelt, die in jener Zeit, man denke einmal zurück!, im Zeichen allgemeinen Einverständnisses über Weltveränderung mit Hilfe der Künste, ganz schroff und verquer wirken mußte, auch wenn der Redner sich herzlich gab und kameradschaftlich. Er sagte nämlich: »Je näher wir der Gegenwart kommen, je mehr wir die vorhandene Welt kennen, desto deutlicher wird uns, wie unabbildbar sie ist, die komplexe Realität... Wie immer das Theater sich gibt, ist es Kunst: Spiel als Antwort auf die Unabbildbarkeit der Welt.«

Das wird an erlauchten Beispielen erläutert: an Brecht und an Picasso. Nichts wurde in der Wirklichkeit durch sie verändert, so wird man den Redner verstehen müssen, doch wurde etwas geschaffen, was nicht abbildet, sondern für sich selbst steht und stehen muß. Das ist richtig als Einwand gegen alle Lehren von »Widerspiegelung« der Realität durch den Künstler und Schriftsteller. Es verschweigt – aber das weiß Max Frisch weit besser als wir anderen! –, daß ein geschaffenes Werk mithelfen kann, uns selbst und unsere Umwelt anders zu sehen. Vielleicht mit den Augen Picassos, in manchen Lebensaugenblicken. Ich erinnere noch gut die verstörten und verstörenden Gespräche in dieser Stadt Zürich nach der Uraufführung des »Guten Menschen von Sezuan« am 4. Februar 1943. Nicht anders geht es zu zwischen der Literatur und der Wirklichkeit, wenn der absonderliche Fall des Bildhauers Stiller vom Leser als ein Fall Jedermann interpretiert werden kann.

Es ist schon so: Je mehr sich einer mit den Sorgen um die eigene Identität abquält, den angstmachenden Repetitionen entfliehen möchte, um so mehr wird er gezwungen, die gesellschaftliche Umwelt in Rechnung zu setzen. Alle Wiederholung vollzieht sich als ein soziales Ritual. Alle Versuche eines Ausbruchs und einer Flucht spielen sich unter Menschen ab: als Zusammenstoß mit der Umwelt oder als Flucht vor ihr in eine andere Umwelt. Auch das Umgekehrte ist richtig: daß es zwiespältig zugeht in den Relationen zwischen der Wirklichkeit und dem Œuvre eines Künstlers. Das Werk von Max Frisch hat auch dafür ein staunenswertes Exempel anzubieten: den Fall des Grafen Öderland, des Mannes mit der Aktenmappe – doch in der Mappe steckt eine Axt.

Die Moritat (so der Untertitel) fiel durch bei der Zürcher Uraufführung am 8. Februar 1951. »Es war mein erster Mißerfolg auf der Bühne«, schrieb der Autor fünf Jahre später, und setzte hinzu: »Mindestens ein Teil des leidenschaftlichen Mißverständnisses, das sich in Zürich ergeben hatte, hing offenbar nicht mit den Mängeln des Stückes und der Aufführung zusammen, sondern mit anderen Wirklichkeiten ...«

Abermals fünf Jahre später, für eine Berliner Aufführung des »Öderland« im Jahre 1961, wird noch genauer reflektiert: »Was nämlich diesen Grafen Öderland von allen Zeitgenossen unterscheidet, die wie er die Axt schwingen, ist dies: Er kommt uns ohne Programm, ohne Vokabeln des Heils, er kommt mit der blanken Axt, er verbirgt sie in seiner Ledermappe, gewiß, aber nicht in dieser oder jener Ideologie. Das macht ihn zu einer Legende heutzutage, das gibt es ja nicht in der Wirklichkeit.« Das gibt es ja nicht in der Wirklichkeit? Je nun.

Jeder bedeutende Künstler hat Themen, die er nicht von anderen übernahm, sondern aus dem Zusammenstoß mit seiner Umwelt gewann: nicht allzuviele, doch solche, die in diesem höchst besonderen Fall ein Allgemeines zur Erscheinung brachten. Daran erkennt man, was Goethe den »Stil« eines Künstlers hieß: als Unterscheidung vom Nachahmer irgendeines Realen wie vom Manieristen. *Max Frisch hat Stil.* Angst vor der Wiederholung; vergebliches Ausbrechen; Angst vor dem Untergang des erfüllten Augenblicks im gleichen Moment, da der Erlebende ihn nachschaffen möchte mit Hilfe der Formel »Ich stelle mir vor...«; die konkrete Gesellschaft, worin immer weniger Spuren aufzufinden sind des Prinzips Hoffnung: daraus entstand ein Werk, das in die Welt gelangt ist, um darin selbst wieder Spuren zu hinterlassen.

Die Einheit dieses Werks, eben sein Stil, ist unverwechselbar. Dennoch – und glücklicherweise – vollzog und vollzieht sich die Auseinandersetzung eines bedeutenden Schriftstellers mit sich selbst, also auch mit seiner Umwelt, als Prozeß. *Max Frisch in zeitlicher Folge*. Zu Beginn ein Mann namens Kilian, von dem der Erzähler bemerkt, er sei »ein Mann, dem wir die Rolle eines erzählenden Ichs überbürdet haben, um keine Namen nennen zu müssen«. Er gesellt sich einem Wesen namens Bin, um in eine traumhafte Ferne des Fernen Ostens zu gelangen, für welche das Sehnsuchtswort Peking einzustehen hat. Es ist eine Reise gleichsam mit der Rückfahrkarte und allem Mentalvorbehalt. »Bin oder Die Reise nach Peking«.

Vorher gab es unsichere, fast stammelnde Anfänge: man will schreiben, allein man muß auch Geld verdienen, was mit dem Schreiben einstweilen und für geraume Zeit noch undenkbar wäre. Irgendwann wird ein Schlußstrich gezogen. Der gar nicht mehr junge Schriftsteller oder Journalist argumentiert bereits ähnlich wie später der in die Geometrie verliebte Don Juan: »Hast du es nie erlebt, das nüchterne Staunen vor einem Wissen, das stimmt? Zum Beispiel: was ein Kreis ist, das Lautere eines geometrischen Orts. Ich sehne mich nach dem Lauteren, Freund, nach dem Nüchternen, nach dem Genauen: mir graust vor dem Sumpf unserer Stimmungen.«

Ein Studium also, das solchem Bekenntnis halbwegs entgegenkommt: die Architektur. Als es auf den großen Krieg zugeht, die Wehrleute mobilisiert werden, ist abermals ein Ausbrechen fällig. Blätter aus dem Brotsack vorerst; dann wird mehr daraus. Weil abermals etwas erkannt wurde: daß die Welt, vor allem in Zeiten der Not, des Tötens und Sterbens, mehr bedeutet als bloß einen »Sumpf unserer Stimmungen«. Also beides: das Genaue und das Ungenaue, die Architektur und die Literatur. Inzwischen hat sich jemand eingestellt, den man nicht vorzustellen braucht, den man übrigens auch gar nicht vorstellen kann. Er heißt einfach Bin. Trotzdem ist es eine abgefeimte Schutzbehauptung, wenn die Geschichte »Bin oder Die Reise nach Peking« scheinbar selbstverständlich beginnt: »Es ist im Ernst nicht anzunehmen, daß es Leute gibt, die Bin, unseren Freund, nicht kennen.«

Allein wer hat schon einen solchen Hausdämon und spiritus familiaris zur Verfügung? Das weiß der Erzähler natürlich, allein er braucht die kühne These, um Distanz zu schaffen: zwischen sich und dem Reisenden mit Namen Kilian, auch zwischen Kilian und Bin. Zumal Peking auch Utopia heißen könnte. Die Reise ist ein erster Ausbruch aus Angst vor der Wiederholung. Noch ist man vorsichtig. Kilian ist ein »Mann mit der Rolle«, hat vermutlich mit Architektensachen zu tun. Die Rolle muß mit auf die Reise, spielt sogar hinein in die Chinaträume.

Hier wird ein *Sowohl/Als-Auch* versucht: gleichzeitig die Flucht und die alltagsmäßige Wiederholung. Es gibt eine Heimkehr zur Frau und zum neugeborenen Kind. Wo man gewesen sei? »Es war ein elendes Kaff.« Was? Peking?

Das war ein erster *Versuch mit dem Doppelleben.* So haben es die großen bürgerlichen Erzähler des 19. Jahrhunderts häufig gehalten: Storm und Mörike etwa, aber auch die schweizerischen Antipoden Jeremias Gotthelf und Gottfried Keller. Gottfried Benn hat sich ausdrücklich, auch im Titel seiner Lebensübersicht, zum Doppelleben bekannt. Das aber setzt voraus, *beides* zu akzeptieren: die Wiederholung wie das Abenteuer mit Bin, oder wie er sonst heißen mag.

Was Kilian noch für denkbar gehalten hatte, wurde von Stiller als Selbsttäuschung abgetan. Es wartet niemand mehr auf den Rückkehrer aus Peking. Stiller muß Stiller bleiben, der Ausbruch als Mr. White mißlang. Wieder gibt es die Genauigkeit als Kontrast zum »Sumpf unserer Stimmungen«. Bedauerlicherweise für Stiller dominiert jedoch die Nüchternheit und Akribie in den Protokollen und Aussagen von Zeugen, die alle mit dem Ziel arbeiten, das Stiller-Ego zu retablieren. Es bleibt bei der Wiederholung, beim Dahinleben: in Glion oder sonstwo.

Den »Homo faber« habe ich immer für einen Komplementär-Roman zum »Stiller« gehalten. Gleichsam als das *Oder* zu einem *Entweder*: durchaus im Sinne von Kierkegaard, der das Motto zum »Stiller« geliefert hatte. Auch Walter Faber, gleichfalls ein Zürcher wie Stiller, ist ein »Mann mit der Rolle«. Dazu ein Mann nach dem Herzen jenes Don Juan, dem die Wahrheit, und damit Schönheit, eines Dreiecks über alles zu gehen scheint. Auch Faber gedenkt selbst zu erzählen. Freilich beginnt er nicht in der Gefängniszelle, sondern startet erst einmal auf dem Flughafen La Guardia in New York. Ein Ingenieur der UNESCO macht sich nichts aus Romanen. Der Untertitel lautet: »Ein Bericht«. Da soll exakt referiert werden. Das naturwissenschaftliche Protokoll bietet sich an. Ein Homo faber möchte berechenbar leben. Die Wiederholung macht ihm nicht

Angst, im Gegenteil: sie scheint ihn zu bestätigen. Wiederholungen sind quantifizierbar; damit kommen sie irgendeiner Gesetzlichkeit nahe.

Leider kann man sich nicht einmal auf die Wiederholung verlassen. Wer von sich aus davor keine Angst hatte, dem wird Angst gemacht von außen her. Durch wen? Wer das wüßte. Vielleicht vom sogenannten Schicksal, irgendeiner Anangke oder Tyche. Walter Faber landet jäh inmitten einer antiken Tragödie, in Griechenland natürlich: als der unheimlich und unberechenbar gebliebenen Welt des Tragischen. Der Golf von Korinth und der Piräus, doch gesehen vom Flugzeug aus. Manche Konstellation aus dem »Oedipus« von Sophokles. Jemand erhängt sich, gleich der Jokaste. Faber-Oedipus aber stirbt nach der Operation im Krankenhaus von Athen. Was übrigblieb von den Figuren seiner »Biographie«, winkt ihm zu vor der Reise zum Styx.

Staunenswert ist die Schöpfer- und Erfindungskraft in jenem Jahrzehnt zwischen 1951 und 1961. Die Grundthemen werden scheinbar bloß variiert: mag es sich um die kleine Welt Stillers oder die große eines Homo faber handeln, um eine überwirkliche und eben dadurch verstörende Traumsphäre in der Moritat vom mythischen Grafen Öderland oder um ein opernhaftes Sevilla für die Komödie vom Don Juan und seiner Liebe zur Geometrie. Wahrscheinlich gibt es für alles auch Fakten und Motivationen im Leben von Max Frisch, doch was wäre damit bewiesen? »Autobiographie ist's immer«, brummt der alte Goethe in Thomas Manns Roman »Lotte in Weimar«, als der Sohn nach den Fortschritten fragt bei Niederschrift von »Dichtung und Wahrheit«. Ein Erzähler wie Thomas Mann kannte sich aus. Wichtiger ist die Frage, *wodurch* diese Stiller und Faber, Öderland und Don Juan Tenorio in die Welt hineinwirken konnten: ganz wie einst Werther in seinem Wetzlar, Heinrich Lee aus Zürich oder die Familie Buddenbrook aus Lübeck.

Auch Öderland und Don Juan sind Komplementärfiguren eines Dramatikers: *abermals als ein Entweder-Oder.* Theatralische Parallelaktionen zudem zu Stiller und Faber, den epischen Protagonisten. Auch Graf Öderland aber und Don Juan werden zur Strecke gebracht durch die Wiederholung. Die exzessivsten Ausbrüche eines Staatsanwalts mit der Axt oder eines Nichterotikers, der sich als Don Juan inszenieren muß samt theatralischer Höllenfahrt, um endlich Ruhe zu haben vor der selbstgeschaffenen Legende: am Schluß steht der Alltag mitsamt einer neuen Daseinsrepetition.

Das Schlußbild der Moritat vom Grafen Öderland trägt die Überschrift »Ruhe und Ordnung werden wieder hergestellt«. Das wurde in der endgültigen Werkfassung von 1961 formuliert. Wer sieben Jahre später, also 1968, eine Aufführung des »Öderland« im Pariser Théâtre de l'Odéon erleben konnte, weiß, daß hier ein bedeutender Schriftsteller, indem er unablässig von sich sprach und von seiner Umwelt, stellvertretend werden konnte gleich den Autoren von einst.

Noch ein anderer Theaterabend kommt in den Sinn, wenn ich zurückdenke an jenen Pariser Öderland und an seine Zuschauer. Das war in Warschau im Jahre 1962, und man spielte, in polnischer Sprache natürlich, das Stück »Andorra«.

Dem zwölften Bild des Stückes wurde folgende Anweisung vorangestellt: »Platz von Andorra. Der Platz ist umstellt von Soldaten in schwarzer Uniform. Gewehr bei Fuß, reglos. Die Andorraner, wie eine Herde im Pferch, warten stumm, was geschehen soll.« Geschehen soll, wie man weiß, die sogenannte Judenschau. Das Stück »Andorra« ist angelegt als ein Parabelspiel, gleichsam ortlos, trotz des Ortsnamens im Titel. »Andorra ist der Name für ein Modell«, wie der Stückeschreiber mitteilen läßt.

An jenem Abend aber spielte das Stück in Warschau: um das Jahr 1943. Daran zweifelte keiner im Publikum. Sonderbar, das Stück war schon bald nach der Zürcher Erstaufführung, die am 2. November 1961 unter Kurt Hirschfelds Spielleitung stattgefunden hatte, nach Polen gelangt. Damals war man dortzulande keineswegs judenfreundlich. Ein neuer Antisemitismus, gleichsam als Amalgam aus Moskauer Direktiven und tradierter polnischer Antipathie, wurde ausgiebig praktiziert. Trotzdem empfand das Publikum die Liquidierung des Andri, der gar kein Jude ist, doch dafür gehalten wird, und die Schändung der angeblichen Judenhure Barblin, mitsamt allen genau mitgeteilten Haltungen von »Der arme Jud« bis zu »Wie er sich wehrt um seine Wertsachen ...«, durchaus als ort- und zeitgebunden. Das war deutsche Besatzung, da standen die SS-Leute auf der Bühne, hier in der Stadt hatte es ein Getto gegeben, dann war dort alles dem Erdboden gleichgemacht worden.

Noch eines habe ich an jenem Theaterabend entdeckt. Das Publikum begriff, daß es sich bei dem Stück »Andorra« *nicht unbedingt um Juden handeln muß*. Just weil ein Modell gezeigt werden sollte, reagierte man in Warschau, als wüßte man Bescheid über Jean-Paul Sartres Betrachtungen zur Judenfrage vom Jahre 1948, aus einer Zeit also, da man nicht mehr an den Antisemitismus glauben wollte. Sartre hatte damals auseinandergesetzt: der als Jude behandelte Außenseiter müsse nicht immer und allenthalben ein Jude sein. *Jeder* sei ein möglicher Jude für eine andere Gruppe. Das hatte man in Polen bei den Deutschen gelernt.

Man hat den Parabelstücken dieses Dramatikers, vor allem der »Chinesischen Mauer«, den Öderland und Biedermann, auch dem Stück »Andorra« vorgehalten: sie seien zu vieldeutig, erlaubten zu viele Gegnerschaften und Identifikationen: je nachdem. Einer meinte, der Untertitel des »Biedermann«, nämlich »Ein Lehrstück ohne Lehre«, sei ungefähr so etwas wie »Brecht ohne Kommunismus«. Es ist etwas daran, und man wird heute vielleicht sagen dürfen, daß das keinen Nachteil bedeutet.
Einmal nämlich, weil der einstmals von Brecht gezeigte sogenannte »Ausweg« ganz sicher keiner war. Dann vor allem, wie in jener Frankfurter Rede am Beispiel Brechts, dem wahrscheinlich wichtigsten für die Entwicklung des Schriftstellers Max Frisch, demonstriert werden konnte, weil sich bedeutende Literatur stets der Festlegung entzieht. Sie wandert mit den Generationen und ist plötzlich wieder da, auch unter neuen Konstellationen: wie jener Öderland im Pariser Frühling von 1968, oder wie das Modell Andorra, das plötzlich unter den Polen spielte.
Wodurch aber vermochte das Werk eines Menschen, der scheinbar nur von sich selbst sprechen wollte, so stark in die Welt hinein zu wirken? Da war sich einer vom Beginn der Arbeit an darüber klar, daß er keine Romane in der Nachfolge von »Germinal« werde schreiben können, und Theaterstücke wie »Die Weber« oder auch wie »Mutter Courage und ihre Kinder«. Das war keine Frage des Talents und literarischen Wertes. »Der Gehülfe« von Robert Walser vermag durchaus zu bestehen neben »Berlin Alexanderplatz«. Es gibt einen Text von Frisch aus dem Jahre 1956 mit dem skeptischen Titel »Vom Umgang mit dem Einfall«. Das beginnt mit einem Adorno-Zitat, wenn es heißt: »›Der Künstler ist nicht gehalten‹, schreibt Theodor W. Adorno in ei-

nem Aufsatz über Kafka, ›sein eigenes Werk zu verstehen‹. Ich weiß nur, daß es im eigenen Fall nie mit einer Idee angefangen hat. Sobald ich weiß, was ich will, weiß ich auch, daß ich es nicht kann, und der Fall ist erledigt.« Trotzdem nicht so ganz erledigt, denn nun muß die List aushelfen, auch die konstruktive Einbildungskraft, vielleicht sogar der Mann mit der Rolle. Eines jedoch bleibt gültig, wie es weiter heißt in diesem Text: »Was mich zum Schreiben verlockt, sind Bilder, auch vereinzelte Worte, vor allem jedoch Bilder, Situationen.«

Dem ist aufs Wort zu glauben. Solche Bilder und Situationen werden jeweils genau festgehalten. Zunächst vermutlich als Aufzeichnung im Tagebuch. Man hat sich gewundert, daß die großen Ausarbeitungen bereits früh im »Tagebuch 1946-1949« provisorisch fixiert waren. Da gibt es schon den andorranischen Juden, Herrn Gantenbeins Spiel mit dem Blindsein, künftige Totengespräche und erste politische Selbstbefragungen. Ich begegnete Max Frisch in jenen Jahren bei seinen Reisen im zerstörten Deutschland und glaubte zu ahnen, wie solche Bilder und Situationen gehortet werden konnten, um später einmal, verbunden mit neuen Bildern und Lebenskonstellationen, dem zweifelnden Autor die Zuversicht zu geben: Vielleicht kann ich es doch bewältigen!

Die persönliche Erfahrung eines Menschen, hier eines Zürchers vom Jahrgang 1911, wurde niemals in Form einer belanglosen Privatheit ins Werk übernommen. Allen scheinbaren Privatheiten sollte man mißtrauen. Der Lehrmeister Brecht hat einmal erklärt: »Wen immer ihr hier sucht, ich bin es nicht.« Jüngst erst mußte der Autor der Endzeitgeschichte »Der Mensch erscheint im Holozän« in einem Interview jene Leser enttäuschen, die von Max Frischs Haus in Berzona im Tessin und von der sorgsam beschriebenen Landschaft auf den Verfasser als Urbild des Herrn Geiser in jener Geschichte schließen wollten. Abermals war da ein *Bild* gewesen, eine Situation, sogar ein anderer Mensch. Man durfte ihn sogar benennen, jenen Eremiten Armand Schulthess, der mit Hilfe der Formel »Ich stelle mir vor...« in den Herrn Geiser verwandelt werden konnte.

Das Lebensmaterial wird stets verwandelt und ist fast überall auch als *gesellschaftliche Spannung* dargestellt. Stiller und Öderland oder Don Juan, oder auch jener Herr Geiser aus Basel sind niemals skurrile Spinner. Sie wirken lästig, weil ein allgemeines Thema durchscheint. Die Angst vor der Wiederholung, der vergebliche Ausbruch, die Reduktion in Form einer neuen Wiederholung: was anderes wird hier immer wieder abgehandelt als *unser aller Problem der Entfremdung und Selbstentfremdung!* Dem keine Reise nach Peking abzuhelfen vermag.

Ähnlich geht es zu beim zweiten Grundthema: *dem Bild von der Bildfeindschaft.* »Du sollst dir kein Bildnis machen!« Das biblische Gebot ist weder bei Max Frisch noch in unserer Gesellschaft als Metapher mißzuverstehen. Bei meinem letzten Besuch in Montagnola erläuterte Max Horkheimer: alles Denken der sogenannten Frankfurter Schule lasse sich zurückführen auf das Bildnisverbot. Das ist richtig: sowohl für die Sozialphilosophie wie für die Literatur. Das fixierte Bildnis von gesellschaftlicher Zukunft, mag es abgeleitet sein aus irgendeiner Religion oder Philosophie, hemmt die Aufklärung, statt sie freizusetzen. Der politische Max Frisch: hier hat er angesetzt. Angst vor der Verkümmerung des Ich und Angst vor den Folgen einer *Zurücknahme der Aufklärung* in unserer Zivilisation.

Darum ist das »Tagebuch 1966-1971« so viel verstörender,

manche würden sagen, so viel »unerquicklicher« ausgefallen als jenes andere vom Ausgang der vierziger Jahre. Bereits der erste Satz, formuliert als erste Frage eines Fragebogens, macht es ahnen. »Sind Sie sicher, daß Sie die Erhaltung des Menschengeschlechts, wenn Sie und alle Ihre Bekannten nicht mehr sind, wirklich interessiert?« So kann nur einer fragen, der auch für sich selbst die Möglichkeit einschließt, daß er mit Nein antworten müßte. »Ehrlich«, wie das verlogene Modewort unserer Umgangssprache zu lauten pflegt.

Der Schreiber des ersten Tagebuches war noch wenig bekannt: das wußte er zu nutzen. So konnte er Situationen festhalten, ohne selbst aufzufallen. Dann wurde er bekannt: gerade durch dieses Tagebuch; dann geriet er unter die very important people, die VIPs. Im Tagebuch der bös ausgehenden sechziger Jahre fährt er auf der Wolga als Ehrengast der Feiern zum Jubiläum Maxim Gorkis; ein Lunch in der Cafeteria des Weißen Hauses mit Dr. Kissinger; Israel und Warschau und Prag und eine Gastprofessur in New York. Und vor allem die Reflexionen über *Tolstoi.* Nur scheinbar überraschend, denn hinter der Auseinandersetzung eines Erzählers von heute mit der »Kreutzersonate« steht das beiden gemeinsame *Thema der Gewalt und der Gewaltlosigkeit.* Wie kaum ein anderer unter seinen Zeitgenossen hatte sich Lew Nikolajewitsch Tolstoi ausgekannt mit den Wiederholungen und den Ausbruchsversuchen. Beim letzten Fluchtversuch war er gestorben. Die Rückschau auf das Tolstoianertum war gleichsam fällig, wenn man einstmals fasziniert dem Treiben des Grafen Öderland mit der Mordaxt zugeschaut hatte. Als Leser Tolstois stutzt Max Frisch bei dem Satz von der »Vernichtung jener Gewalt, die sich Regierung nennt, und von der die größten Leiden der

Menschheit herrühren«. Der Tagebuchschreiber streicht sich das an, wohl auch in Gedanken, weil solche Sätze, wie er notiert, »mir zum Bewußtsein bringen, wie brav ich bin, wie staatsgläubig«.

Dies zweite Tagebuch handelt immerfort von der Macht und ihrem Gegenpol, der Ohnmacht von Zeitgenossen vor einer perfekten Bürokratie. Wie etwa dem Sowjetischen Schriftstellerverband. Im Hause von Präsident Nixon. Als Reflexion nach Ermordung des gewaltlosen Schriftstellers Martin Luther King. Als Fragen eines Schriftstellers nach den eigenen Möglichkeiten, der Mitschuld zu entgehen.

»Manchmal trinkt er gegen Abend«, heißt es im Jahre 1968, »... weil *er* nur weiß, daß es nicht stimmt, was er denkt, was er sagt, was er tut, was er weiß.« Drei Jahre später wird über einen, der auch der Tagebuchschreiber selbst sein könnte, bilanzierend festgestellt: »Laut Dossier haben Sie kaum anders gelebt als andere Nutznießer, die diese Gesellschaft in Ordnung finden.«

Stimmt, und stimmt durchaus nicht. Dafür hat sie gesorgt, die vertrackte Dialektik zwischen Leben und Schreiben. Dies zweite Tagebuch mit seinen Themen der Macht und der Ohnmacht und der Schuld von scheinbar Schuldlosen ist abermals an den Grenzen der Aufklärung angelangt. *Allein es möchte diese Grenzen sichern helfen.* Was kann ein Schriftsteller Besseres tun?

Der Bericht über *Montauk, Long Island* nimmt sich beim ersten Lesen aus wie der perfekte Anti-Stiller. Es gibt diese Ortschaft Montauk: man konnte sie im Film besichtigen. Die Leute heißen Max oder Ingeborg und Marianne. Das Wort »gestern« meint den Tag vor dem Schreibvorgang. Alles nimmt sich »echt« aus und »genau«, wie diesmal die Modewörter meinen. Noch dazu eine plakatierte Aufrichtigkeit unter Anrufung des Herrn de Montaigne. Dabei heißt es im Untertitel: »Eine Erzählung«. Ebenso hinterlistig wurde das Buch »Homo faber« als »Ein Bericht« deklariert. Daß der Erzähler Max Frisch heißt und mit unverschlüsselten Lebensfakten aufwartet, ändert am Sachverhalt nichts. Es handelt sich um eine *Kunstfigur* mit Namen Max Frisch. Das ist weder neu noch paradox. Thomas Mann hat es in »Mario und der Zauberer« nicht anders gehalten. Redlichkeit ist Sache des Denkens. Aufrichtigkeit ist Angelegenheit des Zeugen im Prozeß, oder eines Kindes, das die Eltern belügen möchte. Literatur kennt andere Gesetze, wer wüßte das besser als dieser Erzähler.

Er demonstriert es, vier Jahre nach »Montauk«, also 1979, an einer Komplementärgeschichte mit dem Titel *»Der Mensch erscheint im Holozän«*. Scheinbar größte Welt- und Lebensnähe in der amerikanischen Story, höchste Entäußerung in der Fremdfigur des Herrn Geiser aus Basel, der bald vierundsiebzig werden soll und dessen Geschichte gegen das Ende hin folgerichtig im Perfekt erzählt wird. Es ist eine Endzeitgeschichte, geschrieben von einem, der nicht an die Endzeit glaubt, doch ihre Möglichkeit nicht ausschließen möchte. Herr Geiser verwechselt, gleich anderen alten Leuten, das Lebensende mit dem Ende des Lebens. Deshalb heftet er bereitwillig eine Definition aus dem Lexikon an die Wand: »Eschatologie: Lehre von den Letzten Dingen, d.h. vom Endschicksal des einzelnen Menschen u. der Welt.« Herr Geiser hätte ganz gewiß die erste Frage aus dem Tagebuch von 1966 mit einem mürrischen Nein beantwortet. Nicht interessiert am Fortbestand der Menschheit. Aber das Leben geht weiter, auch oben im Tessin. »Alles in allem kein totes Tal; es gibt Schmetterlinge, es gibt Vipern, aber man sieht selten eine, und wo Menschen wohnen, gibt es

Hühner.« Also doch keine Endzeit. Immerhin wäre der Titel ergänzungsfähig. »Der Mensch erscheint im Holozän« ... und stirbt aus im technisch-wissenschaftlichen Zeitalter. Vielleicht doch nicht so sonderbar, daß diese vorerst letzte Erzählung von Max Frisch großen Eindruck machen konnte auf amerikanische Leser.

Das erste Bild des dramatischen *Triptychon* muß ungefähr gleichzeitig mit dem Abschluß der Geschichte des Herrn Geiser entstanden sein. Man darf es fast als ein Satyrspiel bezeichnen. Da ist einer gestorben, doch Endzeit bedeutet das wahrhaftig nicht. Es geht gräßlich zu, und sehr komisch, also sehr alltäglich bei der Totenfeier. Nimmt man das Dreiergebilde jedoch als literarische Einheit, so verblüfft die Nähe zu Bin und Kilian, vor allem zu Stiller. Totengespräche hatte es auch im Zeichen von Bin gegeben. Ich habe hier im Schauspielhaus, tief bewegt, am 29. März 1945 die Uraufführung von »Nun singen sie wieder« erlebt. Es war zu verstehen als »Versuch eines Requiems«. Allein die Toten im »Triptychon« sind auch daran zu erkennen, daß sie keine Angst mehr haben und haben müssen vor der Wiederholung. Nun werden sie vom Dramatiker konfrontiert mit Lebenden, die sich auch nicht sorgen um die Wiederholung, weil sie fragenlos und unbesorgt dahinleben.

Diese drei Szenen handeln jedoch gar nicht vom Tod, *sondern vom Dahinleben.* Die Wiederholung und die Angst davor bedeutete bereits für Stiller ein Vielfaches: die Repetition des Alltäglichen; die Reduktion eines Menschenlebens auf die Ewige Wiederkehr des Gleichen; nicht zuletzt die *tödliche Gefahr der Reproduktion.* Die war doppelt zu fürchten, vor allem für einen Schriftsteller. Dann nämlich, wenn er sich gleichschaltete, wie im zweiten Tagebuch analysiert wird; und auch dann, wenn er sich nicht Klarheit zu verschaffen weiß in einer Welt der Reproduktion, also auch, wie Walter Benjamin einst erläuterte, über das Kunstwerk im Zeitalter der Reproduktion. Max Frisch möchte aber *nicht* dahinleben gleich den Toten seines Triptychons. So wird man ihn wohl verstehen müssen.

Lieber Max Frisch! Als Sie im Jahre 1958 in Darmstadt den Büchner-Preis entgegennahmen, kamen Sie auf den Emigranten Büchner in Zürich zu sprechen und meinten: »Wir sind Emigranten geworden, ohne unsere Vaterländer zu verlassen ...« Man habe nicht Büchners Genie, aber man habe Talente: »Schon das ist Auftrag.« Es gab auch ein Versprechen in eigener Sache: »Wir wollen nicht versprechen, Märtyrer zu sein, aber Schriftsteller so lange wie irgend möglich.« Daran haben Sie sich gehalten. Im Leben wie im Werk. Dafür danken Ihnen viele, viele Menschen in aller Welt. Auch heute und hier.

RITTER BLAUBART AUS ANDORRA

Freispruch mangels Beweis –
Wie lebt einer damit?
Ich bin vierundfünfzig.

Das steht auf der zweiten Seite von

Max Frisch, Blaubart. Eine Erzählung. Suhrkamp 1982,

ist eine perfekte Exposition, und nun wird wieder behauptet werden, der »Blaubart« sei im Grunde ein spätes Nachfolgewerk zum eigentlichen Werk, gleichsam ein Remake nach dem Sprachgebrauch der Filmemacher. Wer aber genau liest, wird einen ganz anderen und neuen Max Frisch entdecken, konnte es übrigens schon merken, abermals beim genauen Lesen, als vor drei Jahren (1979) eine Erzählung erschienen war mit dem sonderbaren Titel: »Der Mensch erscheint im Holozän«. Was man nach der Lektüre ergänzen mochte durch den Zusatz »und verschwindet wieder im Atomzeitalter«.

Der jetzt siebzigjährige Max Frisch sieht anders, erlebt anders, bedenkt anderes als der Autor des frühen Tagebuchs aus den Nachkriegsjahren 1946-1949, jener Keimzelle seines Œuvres bis etwa zum Roman »Mein Name sei Gantenbein« von 1964. Natürlich handelt es sich auch beim »Blaubart« um das Problem der Identität, allein davon handelt im Grunde alle Literatur, die einer schreibt, der sagen möchte, *wie* er leidet. Das Identitätsproblem wurde nicht von Max Frisch für die Literatur unserer Zeit erfunden. Was ihn von jeher bedrückte, so daß er darüber schreiben mußte, war der Kontrast zwischen dem Bild, das einer von sich selbst hat, und seinem Bild im Auge und Urteil der »Anderen«.

Hinzu kommt in den späteren Arbeiten von Frisch das immer dringendere Fragen nach der Schuld der angeblich Schuldlosen. Wobei man bei sich selbst beginnt. Im »Tagebuch 1966-1971«, das man auch als Remake abtun wollte, wenngleich es eigentlich nur die Tagebuchform gemeinsam hatte mit jenem Nachkriegs-Tagebuch, steht bereits der Satz: »Eine Anklage, wie gesagt, liegt nicht vor, wenn Sie sich nicht selber anklagen. Sie haben sich also damit begnügt, vergleichsweise schuldlos zu sein?« Diese Sätze könnten als Motto über der Erzählung »Blaubart« stehen.

Die Innenwelt und die Anderen

Freigesprochen mangels Beweis. Wie lebt man damit? Hier bereits, in dieser Selbstaussage des von der Mordanklage freigesprochenen Züricher Internisten Dr. med. Felix Theodor Schaad, verwirren sich die Vorgänge. Das Obergericht in Zürich hatte bloß erkannt, der Angeklagte sei »der eingeklagten Straftat nicht schuldig und wird freigesprochen«. Der Angeklagte, innerlich geschüttelt vom Weinkrampf beim Anhören des Urteils, glaubt gehört zu haben »Freispruch mangels Beweis«. Man macht ihm klar, das gäbe es nicht nach schweizerischem Gesetz. Freigesprochen ist freigesprochen. »Wieso habe ich das gehört? Das kommt im Urteilsspruch nicht vor.« Es kommt aber vor in der Innenwelt dessen, der nun frei nach Hause gehen kann, sogar eine hohe Entschädigung zugesprochen erhielt. Freigesprochen, ob wegen erwiesener Unschuld oder mangels Beweis, wie immer: Wie lebt man damit?
Was ist Schuld oder Unschuld? Nun erst, nach dem Freispruch, kommt der wirkliche Konflikt zum Ausbruch. Sowohl im Verhalten der Außenwelt zum freigesprochenen Dr. Schaad, wie auch in seiner Selbstbefragung. Freigespro-

chen oder nicht: mit einem solchen Menschen kann man doch nicht mehr verkehren. Man war Mitglied eines feinen Segelklubs. Da wird man austreten müssen. Die Praxis kann man getrost verkaufen: da machen die Patienten einen Bogen. »Mein Freispruch ist bekannt, aber man weiß zuviel über meine Person. Es war sogar schwierig, eine neue Arztgehilfin zu finden. Sie ist Jugoslawin.«

Nein, er hat jene Rosalinde Z., seine frühere Frau, die nach einer Scheidung, wegen ihrer Liebschaften, zum Callgirl geworden war, nicht umgebracht. Sie war an einem Knebel erstickt, sollte außerdem durch den Täter noch mit einer Krawatte erdrosselt werden. Mit der Krawatte des Dr. Schaad, des Ehemannes von einst, der ein guter Freund geblieben war und oft zu Besuch kam, auch noch am Morgen des Mordtages. Seine Krawatte hing in der Garderobe. Was lag näher für die Staatsanwaltschaft, als einen Mord aus – nachträglicher – Eifersucht zu behaupten.

Schaad weiß sich unschuldig, und er beteuert auch vor Gericht diese Unschuld. Erst nach dem Freispruch, als das Gedächtnis alle Zeugenaussagen gespeichert hat und reproduziert, denn man hat jetzt Zeit genug zum Nachdenken, die Praxis ist leer, Billard und Alkohol helfen nur zeitweise: nun erst stellt sich die Frage nach der »vergleichsweisen« Unschuld. Oder nach einer Schuld, die nichts mit dem Mord an Rosalinde Z. zu tun haben muß, doch vielleicht gerade auch damit. Hat er, Dr. Felix Schaad, die Frau in und nach der Ehe dahin gebracht, daß ihr der wirkliche Mörder nahen konnte? Die Selbstanklage beginnt nach dem Freispruch.

Man muß sich das vorstellen: wochenlange Prozeßberichte. Ein mutmaßlicher Mörder aus der Oberschicht, ein Mann im weißen Kittel, und eine Luxusdirne, noch dazu die frühere Frau des »Mörders«. Max Frisch war Prozeßbeobachter bei einem realen Züricher Mordprozeß, der freilich eine ganz andere Konstellation aufwies, dem er aber aufmerksam folgte. Wie verhält sich der Staatsanwalt, wie der Verteidiger, wie behandelt man Vorgänge des Geschlechtlichen vor Gericht, was ist eine Kinderaussage, wie sagen sie aus, die Freunde von einst?

Die Erzählung »Blaubart« ist genau gearbeitet. Kein Simenon und keine Agatha Christie könnten es besser. Die Technik der Kriminalgeschichte, worüber Brecht und Bloch und Heissenbüttel und viele andere immer wieder nachgedacht haben, wird genau respektiert.

Der wirkliche Täter, ein griechischer Student, der in der Tat eifersüchtig war, in seiner Wut die Krawatte Schaads im Vorraum fand und nun rasend wurde, wird erst auf der letzten Seite und beiläufig kenntlich gemacht. Auf Seite 172. Nachträglich findet man auf Seite 23 einen Hinweis auf den Griechen. Er hatte eine Zeitlang bei Rosalinde Z. gewohnt, besaß einen Wohnungsschlüssel, während der Staatsanwalt annahm, nur Schaad habe einen besessen. Handwerklich gute Krimiarbeit.

Sie erst zwingt den Leser, mit Schaad, oder auch gegen ihn, die Schuldfrage zu stellen: gerade wenn man weiß, daß er nicht erdrosselt hat. Allein da sind die Andern, und sie wissen viel in der Tat von einem Angeklagten, der sechsmal verheiratet war und geschieden wurde. Die siebente Ehe besteht zwar immer noch während des Prozesses, allein auch sie läuft auf Scheidung hinaus, wie man gegen das Ende hin erfährt. Die jetzige Frau Schaad, die siebente, sagte vor Gericht aus, sie habe ihren Mann, mit Hinblick auf seine sechs Ehen, zärtlich als »Ritter Blaubart« tituliert. Das will der Staatsanwalt begreiflicherweise ganz genau wissen, und erfährt: »Weil er einmal gesagt hat, er habe schon sechs Gattinnen im Keller, und weil ich schließlich weiß, seine früheren Frauen leben nicht schlecht.« Diese Aussage hat das Gedächtnis gespeichert. Sie wird bei der Selbstbefragung reproduziert und traurig ergänzt: »Ausgenommen Rosalinde Z.«

Die Presse hatte sich das Blaubart-Thema von Herzen gegönnt. Auch die Überschriften werden genau erinnert: »SCHAAD OHNE ALIBI / RITTER BLAUBART VOR GERICHT / DOKTOR MIT SIEBEN EHEN«. Wie lebt einer damit?

Andorra und die Herzensträgheit

Statt den Dr. med. Schaad wieder einmal an die Seite der Herren Stiller und Gantenbein zu stellen, sollte man ihn vor allem als Bewohner von Andorra verstehen. Andorra liegt bekanntlich überall, durchaus nicht allein in der Schweiz. Auch das Seldwyla des Landsmannes und Vorbilds Gottfried Keller lag nicht bloß in der Schweiz, sondern – »vergleichsweise« – überall. In dem Theaterstück »Andorra« aus dem Jahre 1961 hatte Max Frisch demonstriert, wie mörderisch es zugehen kann, wenn einer vor den Leuten als schlimmer Außenseiter gilt, ohne es, auch im Sinne der Leute, wirklich zu sein. Die Erzählung »Blaubart« spielt das von neuem durch: auch sie spielt in Andorra, unabhängig davon, daß sie in und um Zürich situiert wurde.

Andorraner (und auch »Biedermänner«) sind die auftretenden und erinnerten Zeugen. Jeder hat ein Bild vom Dr. Schaad: ein Bild der andorranischen Malerschule. Andorra ist überall, wo das Leben keinen Sinn- und Wertzusammenhang aufweist, so daß der Einzelne seiner Herzensträgheit überlassen bleibt. Wie der Dr. Schaad mit seinen sechs oder sieben Ehen. Obwohl er kein kalter Rechner ist. Er hat sich um Krankenhäuser gekümmert, um Flüchtlinge, um die Hungersnot in Biafra, wo er drei Monate als Arzt zubrachte. Er hat recht, wenn er bitter konstatiert: »Schließlich besteht ja eine Biographie nicht bloß aus Ehen!«

Das ist eine gute Antwort an die Andorraner, doch nicht an sich selbst. Schaad konnte sich im Gerichtssaal innerlich empören, wenn die andorranischen Zeugen ihm die Tat entweder zutrauten oder aber, was schlimmer war, wortreich nicht zutrauten und bloß insgeheim zutrauten. Aber gab es wirklich keine Schuld?

Je stärker die Erzählung diesem entscheidenden Punkt sich nähert, um so mehr wandeln sich die erzählerischen Methoden. Die realen Zeugenaussagen vor Gericht, die das Gedächtnis aufbewahrte, werden ergänzt oder abgelöst durch imaginäre Aussagen. Schaad befragt seine toten Eltern, ein Gespräch des Lebenden mit der ermordeten Rosalinde Z. wird ausprobiert, doch die Tote antwortet ebensowenig wie jene andere Frau in Max Frischs dramatischem »Triptychon«, die auch nur sagen konnte, was sie einstmals gesagt hatte: im Leben.

Hinter allen Dialogen aber, den echten und den imaginierten, *kommt plötzlich Schuld hervor.* Schaad hat nicht gemordet, aber konnte er sich eine solche Tat wirklich nicht zutrauen? Da gab es kleine Sadismen aus der Kindheit, da gab es, in den Ehen wie außerhalb, die Grausamkeiten des Alltags. Schlimmer noch: die Grausamkeiten durch verweigerte Hilfe. Als das erkannt wurde, bleibt wohl nur noch dies zu tun: entweder sich als Mörder der Rosalinde Z. zu bekennen, und zwar in dem Heimatdorf, wo die Mutter begraben liegt, oder/und sich selbst zu richten. Beides wird versucht und geht daneben. Den Mörder, jenen Griechen, hat man inzwischen gefunden, vielleicht hat er sich auch selbst gestellt. Und das Fahren gegen den Baum war einstweilen noch kein tödlicher Unfall.

Ein Ritter Blaubart, und auch wieder nicht. So wie der Don Juan bei Max Frisch einer gewesen war, und auch wieder nicht. Eine schöne neue Erzählung, die sich mit Montauk und Holozän ganz offensichtlich zum epischen Triptychon gerundet hat. Geschrieben in der schmucklosen und unverwechselbaren Prosa dieses Schillerpreisträgers, der seinen Schaad motiviert, wie weiland der große Moralist seine Maria Stuart zum Tode gehen ließ. Als Verurteilte in einem ungerechten Prozeß, die jedoch eine Schuld sühnen will, eine Jugendschuld, deretwegen keine Anklage erhoben wurde: außer durch sie selbst.

ANMERKUNG ZUM SPÄTWERK

Spricht man von einem Spätwerk, so ist der Vorgang einer Wandlung gemeint, oder von Wandlungen. Aber darf man, im Falle des Schriftstellers Max Frisch, solche Unterschiede der Thematik, Schreibweise, Blickrichtung derart stark akzentuieren, daß man, im Sinne üblicher »Periodisierung«, das Frühwerk, die Arbeiten der mittleren Schaffensperiode und das sogenannte Spätwerk voneinander trennt? Wer das Œuvre von Max Frisch kennt, wird im Gegenteil die Kontinuität und Folgerichtigkeit hervorheben. Daß im »Tagebuch 1946-1949« die Keimzelle fast aller späteren Werke zu finden ist, wurde immer deutlicher sichtbar: als man Andorra kennenlernte und den Herrn Gantenbein, den Mathematiker Don Juan, die Geschichten um den mythischen Rip van Winkle, den Grafen Öderland.
Auch an den Texten des nun vorliegenden *siebenten Bandes der Gesamtausgabe* läßt sich die Beziehung zum Früheren unschwer konstatieren. Im zweiten »Tagebuch 1966-1971« heißt es an bedeutsamer Stelle, in Form einer Befragung als Selbstbefragung: »Eine Anklage, wie gesagt, liegt nicht vor, wenn Sie sich nicht selber anklagen. Sie haben sich also damit begnügt, vergleichsweise schuldlos zu sein.« Darauf scheint eine andere Selbstbefragung unmittelbar zu antworten. Sie steht auf der zweiten Seite der Erzählung »Blaubart« von 1982. Die Antwort wird abermals als Frage gegeben und lautet so:

> Freispruch mangels Beweis –
> Wie lebt einer damit?
> Ich bin vierundfünfzig.

Dennoch hat sich manches gewandelt in der Gedankenwelt und auch in der Schreibweise von Max Frisch: zwischen dem Abschluß der sechsbändigen Gesamtausgabe in zeitlicher Folge von 1976 und dem vorliegenden siebenten Band, der zehn Jahre später erscheint: zum 75. Geburtstag des Autors.
Daß Altern ein Problem für Künstler ist, mit Gottfried Benn zu sprechen, versteht sich. Daß es sich bei den beiden Triptychen um den Zusammenhang von Altern und Schaffenskraft handelt, im weitesten Verstande, bleibt unverkennbar. Insofern wäre sogar zu bedauern, daß die Erzählung »Montauk« von 1975 bereits den eigentlichen Abschluß des sechsten Bandes zu bilden hatte. Sie hätte thematisch viel besser an die Seite der neuen Texte gepaßt: an die Seite des Herrn Geiser, der sich Gedanken macht über die Gattung Mensch, die zum erstenmal »im Holozän erscheint«, und die möglicherweise im und am Atomzeitalter zugrunde gehen könnte. Der Tagebuchschreiber im nordamerikanischen Montauk weist viel Ähnlichkeit auf mit dem Dr. Felix Schaad, dem Freigesprochenen in einem Zürcher Sensationsprozeß. Den hatte man bereits als Massenmörder entlarvt, als »Blaubart«. In großen Balken hatte es die Sensationspresse verkündet. Sie wurde jedoch im Laufe des Verfahrens und durch den Freispruch um eine schöne Hinrichtung geprellt: übrigens in einem Lande, wo man die Todesstrafe abgeschafft hatte.
Der Blaubart Dr. Schaad weist sowohl zurück auf die früheren großen Texte von Max Frisch, wie auf die Nachbarschaft zu Montauk, zum Herrn Geiser, der das eigene Lebensende mit einer Endzeit verwechselt, auf die dramatischen Szenenfolgen des »Triptychon«. Einerseits ist es durchaus nicht gewagt, bei Felix Schaad von einem »Ritter

Blaubart aus Andorra« zu sprechen; zum andern konstatiert man in den beiden Triptychen, dem epischen wie dem dramatischen, eine *merkwürdige Reduktion* der Themen wie des Personals. Sowohl in »Montauk« wie im »Blaubart« kommen viele Menschen vor, Männer und Frauen. Trotzdem gibt es, ganz wie im Falle des Herrn Geiser, nur eine einzige Figur, einen Mann. Alle anderen sind Statisten und Staffage.

Möglich wäre es durchaus, daß es ihm, Max Frisch, langweilig geworden war, immer wieder das Erlebte dadurch in Literatur zu verwandeln, daß er sich Namen und Berufe ausdachte, auch Schauplätze und Konstellationen. Während er doch stets von sich selbst zu berichten gedachte: auch wenn es um Stiller ging und Gantenbein und Walter Faber, Herrn Geiser oder den Dr. med. Felix Schaad. *Allein die Umkehrung gilt gleichfalls.* Indem Frisch das Erlebte jeweils in Literatur verwandelt, entfernt er das Geschriebene sehr nachdrücklich und sorgfältig von aller Wirklichkeit, die der Autor *als Nichtproduzent* erlebt hatte. Ein scheinbar fast unverkennbar autobiographisches Buch wie »Montauk«, wo ein schweizerischer Schriftsteller mit Vornamen Max umgeht und reflektiert, hat mit dem privaten Leben des Autors kaum etwas zu tun. Dieser »Max« ist seinem Autor genauso fern wie der Dr. Geiser, dem Max Frisch keinen Vornamen gegeben hat, oder der Dr. Felix Schaad.

Es ist verständlich, daß einer Lust bekommt, alle Spielregeln zu verletzen. Er heißt Max, und in seinem Leben gab es und gibt es Frauen mit Namen Ingeborg oder Marianne. Nun denn: in der neuen Geschichte soll keine Realität manipuliert werden. Ingeborg ist Ingeborg, der Erzähler und noch dazu Icherzähler heißt Max, die Nordspitze von Long Island, hundertzehn Meilen entfernt von Manhattan, heißt

Montauk, und die Liebesgeschichte zwischen Lynn und Max hat sich vermutlich zugetragen »wie im Buch«. Daten, Jahres- und Tageszeiten sind so serviert, daß es die Philologen leicht haben werden.
Was wäre dadurch gewonnen worden? Der Erzähler der Geschichte hat »gestern« beschlossen, und dieses gestern ist unschwer zu rekonstruieren, das Wochenende mit Lynn zu erzählen. »Ohne Personnagen zu erfinden; ohne Ereignisse zu erfinden, die exemplarischer sind als seine Wirklichkeit; ohne auszuweichen in Erfindungen.«
Der alte Traum aller Autobiographen: von Augustinus bis Rousseau, und von Goethe bis André Gide. Eingerechnet jenen Herrn Michel de Montaigne, der auf dem ersten Blatt von »Montauk« mit dem Hinweis »Au Lecteur« zitiert wird, dem Vorspruch zu den mehr als tausend Druckseiten der »Essais«. Was Montaigne geplant hatte, will Frisch nachvollziehen: die vollkommene Aufrichtigkeit, die Identität von Leben und Literatur. Wie hatte Montaigne dekretiert? »So bin ich selber, Leser, der einzige Inhalt meines Buches.«
Goethe war vorsichtiger. Er hatte »Dichtung und Wahrheit« versprochen. Womit ausgedrückt wurde, daß Dichtung keinen Gegensatz zur Wahrheit bildet. Sie ist eine spezifische Form der Wahrheit: als Wahrheit des Kunstwerks. Montaigne ist ein analysierender Denker. Seine »Aufrichtigkeit« ist eine solche der intellektuellen Redlichkeit. Der Autobiograph Goethe gedachte zu erzählen und wußte folglich, ganz abgesehen von allen Rücksichten, die ein Minister zu nehmen hat, wenn er Lebensgeschichte mitteilt, daß kein Ablegen der Masken und kein Hantieren mit »wirklichen« Namen, Orten und Begebenheiten die Antinomie zwischen Erleben und Berichten beseitigt.

Ausgerechnet Max Frisch sollte dies alles verkannt haben bei der Suche nach der unerreichbaren Aufrichtigkeit: sich selbst wie den anderen gegenüber?
Er hat es nicht verkannt. Immer noch gilt, wie bei der Geschichte des Herrn Gantenbein, das poetische und poetologische Prinzip »Ich stelle mir vor«.
Dennoch hat sich vieles im Schreiben Max Frischs während dieses Jahrzehnts zwischen 1975 und 1985 gewandelt. Mit Recht hat Walter Schmitz festgestellt, daß das gesamte Spätwerk Frischs seit dem »Dienstbüchlein« gleichsam als später Kommentar zu den frühen Werken verstanden werden muß. Doch welcher Art wäre dieser Kommentar zum eigenen früheren Leben und zu früheren Hoffnungen? Man könnte mit der Formel von den »Verlorenen Illusionen« antworten. Das Tagebuch der vierziger Jahre stand durchaus noch im Zeichen des Prinzips Hoffnung und des Vertrauens in eine wiedergewonnene Humanität. Das zweite Tagebuch aus den sechziger Jahren war bereits skeptischer. Es fragte immer wieder nach einer »Schuld der Schuldlosen«.
Nirgends vielleicht hat Max Frisch sorgfältiger und hartnäckiger *die neuen Erfahrungen reflektiert* als in seiner Frankfurter Rede in der Paulskirche, »bei Entgegennahme des Friedenspreises des Deutschen Buchhandels«.
Eine ziemlich kurze Rede: gerade weil sie sich den beliebten Klischees von Frieden und Freiheit stellte, sogar eine klischeehafte Überschrift wagte: »Ohne Freiheit kein Friede«. Max Frisch machte sich nichts vor: »Die Prognose, daß für das Menschengeschlecht dank seiner Technologie, die unwiderrufbar ist, der Konflikt mit der Umwelt größer wird als jeder denkbare Konflikt zwischen Nationen oder Macht-Blöcken, ist bekannt. Während die Abschreckungs-

Strategie es den Völkern erschwert, der Vernichtung ihrer Lebensmöglichkeit auf diesem Planeten gemeinschaftlich zu begegnen, ist diese Vernichtung trotz Nicht-Krieg bereits im Gang.«

Der hier spricht, schaute in diesem Augenblick zurück auf sein ganzes Leben, auf verlorene Illusionen, dennoch ist er nicht hoffnungslos. Rückblick auf die Welt des Tagebuchs einer ersten Nachkriegszeit: »Wenn wir von Frieden reden, und gesetzt den Fall, wir glauben an seine Möglichkeit: wie stellen wir uns den Frieden vor? 1946 in Frankfurt am Main, als Gast bei ausgebombten Deutschen, verstand ich unter Frieden ganz einfach: Keine Bomben mehr, keine Siege mehr, Entlassung von Kriegsgefangenen. In Prag, wo es kaum Trümmer gab, nach einem Besuch in Theresienstadt, wo ich noch den Galgen sah und Tausende von Tüten mit menschlicher Asche, schien die Antwort noch einfach: Friede als Ende der Angst, keine Uniformen der Fremdherrschaft. In Warschau, 1948, hörte ich nach einem stundenlangen Gang durch Trümmerstille plötzlich das Gedröhn von Niethämmern an den ersten Pfeilern einer neuen Brücke über die Weichsel: Der Friede! Dort wie hier das Gespräch (bei halben Zigaretten) mit Zeitgenossen, die nichts besaßen außer der großen Hoffnung: aus den Ruinen werde hervortreten der neue Mensch. Die einen erwarteten ihn als Kommunist, die andern als Christ. Nun wissen wir: *Der neue Mensch ist nicht angetreten.* Unsere vernunftsmäßige Ablehnung des Krieges als Mittel der Politik besagt noch nicht, daß wir friedensfähig sind.«

Gegen Ende der Rede aber reflektiert der Träger eines Friedenspreises bereits ein wenig wie sein Dr. Geiser, der den Weg durchmißt vom Holozän zur Atomwelt. Bei Max Frisch heißt es am Schluß der Rede: »Wieviele Menschen haben in den vorhandenen Gesellschaften aber die Möglichkeit, kreativ zu leben? Das ist durch Wohlstand allein noch nicht gegeben ... Ob der Überlebenswille der Gattung ausreichen wird zum Umbau unserer Gesellschaften in eine friedensfähige, weiß ich nicht. Wir hoffen. Es ist dringlich. Das Gebet entbindet nicht von der Frage nach unserem politischen Umgang mit dieser Hoffnung, die eine radikale ist. Der Glaube an eine Möglichkeit des Friedens (und also des Überlebens der Menschen) ist ein revolutionärer Glaube.«

Ein Spätwerk? Was ist ein Spätwerk? Während sich Gottfried Benn, der Arzt und Lyriker, bei seinen Reflexionen über den alternden Künstler vor allem an die subjektive Befindlichkeit hielt, den Beziehungen also nachforschte zwischen Lebensalter und Erlebnisweise, sucht Theodor W. Adorno, der Musiker und Philosoph, die Deutung vor allem in den Werken der Künstler: in der Komposition. In einem Brief an Thomas Mann über dessen späte Erzählung »Die Betrogene« sieht er die Besonderheit der Erzählweise des mehr als siebzigjährigen Thomas Mann vor allem darin, das scheinbar Ungebührliche, »das die gesellschaftliche Immanenz erschüttert«, ohne alle Schonung dargestellt zu haben: »die Vergeblichkeit des falschen Lebens will man nicht ins Bewußtsein lassen, nicht dulden, daß das Niedrige am Tode sich offenbare –«

Das könnte als Aussage auch für das Spätwerk von Max Frisch gelten. In »Montauk« werden – scheinbar! – die epischen Konventionen einer Trennung von Erleben und Gestalten verwischt. Herrn Geisers einsames Denken ist ein Denken zum Tode: unter Einschluß von objektiver Komik. Die Dialoge des Triptychons sind Totengespräche. Andererseits hat Max Frisch bereits in seinen Anfängen als

Schriftsteller die antike Konvention der »Totengespräche« für sich übernommen. Auch ein so schönes Frühwerk wie »Bin oder die Reise nach Peking« liest man heute wie eine frühe Vorahnung des Triptychons.

Auch Theodor W. Adornos Überlegungen zur Kompositionsweise der gealterten Meister von einst können als »Vorschein« einer Interpretation der neuen Arbeiten von Max Frisch gedeutet werden. Was übrigens nicht verwunderlich ist, wie Wolfgang Hofer in seiner Wiener Dissertation über »Max Frischs späte Triptychen« gezeigt hat, wobei er den Beziehungen zwischen Adornos Gedanken über das Phänomen eines Spätwerks und den späten Triptychen von Max Frisch genauer nachgegangen ist.

Allerdings gibt es bei Max Frisch in den Texten des vorliegenden Bandes auch eine *Gegenbewegung* zu den Analysen von Adorno. Der hatte in seiner bedeutenden Studie über den »Spätstil Beethovens« vor allem das Merkmal einer Abkehr von früherer Subjektivität und eine Rückkehr der Meister zur einstmals verachteten oder gesprengten Konvention feststellen können. Adorno meinte, daß sich alle Betrachtung über den Spätstil »vorab an einer Eigentümlichkeit zu orientieren hätte, die von der landläufigen Auffassung geflissentlich übersehen wird: der Rolle der Konventionen. Die ist beim alten Goethe, beim alter Stifter bekannt; ebensowohl aber bei Beethoven als dem vorgeblichen Repräsentanten radikal persönlicher Haltung festzustellen.«

Das ist durchaus richtig. Es gibt dazu ein schönes Wort, das aus der Spätzeit des französischen Komponisten Gabriel Fauré überliefert wurde: eines Mannes also, der vorzugsweise auf den schwarzen Tasten zu musizieren liebte. Fauré habe im Alter plötzlich ausgerufen: »Mein Gott, wie revolutionär ist doch C-Dur!«

Hätte sich Max Frisch heute in ähnlicher Weise äußern können? Das ist sehr zu bezweifeln. Auch keiner der essayistischen oder rhetorischen Texte des vorliegenden Bandes kann als Rückkehr zu irgendeiner künstlerischen oder gar gesellschaftlichen Konvention betrachtet werden. Mit Recht hat Wolfgang Hofer auf eine Äußerung Frischs in einem Gespräch (mit Heinz Sichrovsky) hingewiesen. Befragt über die Beziehung der drei Dialogstücke seines »Triptychon«, äußerte Max Frisch: »Dann habe ich langsam begonnen, Dialoge zu schreiben, kein Stück, nicht fürs Theater. Das war der Kniff, denn wenn ich weiß, daß ich fürs Theater schreibe, so ist die Gefahr, daß ich in die eigene Konvention verfalle.«

Das deutet weit eher auf eine längst noch nicht befriedigte Neugier des Gestalters: auf die immer noch nicht gesättigte Lust an Innovationen. Innovationen beim Umgang mit sich selbst. Mit dem stets selben Thema. Allein bei solchem Umgang des Künstlers mit sich selbst entstehen immer wieder auch die großen Werke, worin sich eine Epoche wiederzuerkennen vermag: in den »Buddenbrooks«, bei Proust wie bei Joyce. Ihnen allen war, bis zuletzt, der Umgang mit sich selbst zugleich ein Anlaß zum Weiterschreiben. Warum sollte es anders sein bei Max Frisch?

NACHWORT

Man hat sie beide also überlebt, den Frisch und den Dürrenmatt. Den vom Jahrgang 1911 und den um zehn Jahre jüngeren Pfarrerssohn aus dem Emmental. Es gibt Lebenstatbestände, die man, würden sie von Menschen verursacht, einfach als eine Gemeinheit bezeichnen müßte. Dürrenmatt starb wenige Wochen vor seinem siebzigsten Geburtstag. Den hat er wohl nicht feierlich erwartet. Dem feierwilligen Theater war er entfremdet. Eine Weltreise war als Geburtstagsgedanke für ihn attraktiver. Es kam die Gemeinheit. Die Zürcher Geburtstagsfeier vom 5. Januar 1991 galt einem Toten. Seine Bilder schauten auf uns herab. Als seine Stimme erklang am Schluß, war alles wesenlos geworden, was vorher gesprochen wurde.

Max Frisch hat gewußt, daß er ihn nicht mehr erleben würde: den achtzigsten Geburtstag am 15. Mai 1991. In einem Brief, den er mir zum 5. Januar ins Zürcher Schauspielhaus schickte, entschuldigte er sich artig für sein Fernbleiben. Das sei einmal eine wirkliche Freundschaft gewesen, zwischen ihm und Dürrenmatt. Die Handschrift war klar und unverändert. Der Briefumschlag genau adressiert. Doch lud er nicht mehr ein zu einem Besuch. Er wartete.

Wenn ich an sie zurückdenke, die ich in einer Publikation vom Jahre 1977 als Dioskuren bezeichnet hatte, auch sie selbst bezeichneten sich bisweilen als Castor und Pollux, obwohl sie wahrlich keine Zwillinge waren, so werden Klänge erinnert, Gesten, Gelächter oder auch Blicke. Abendessen bei Dürrenmatt am Neuenburger See in den sechziger Jahren. Mit viel Rotwein und einem unvergeßbaren Bericht über ein damals geplantes Stück, das »Der Meteor« heißen sollte. Ein letztes »Champagnerfrühstück« (so hatte er selbst es in der Einladung formuliert) bei Frisch in Zürich, Ende Juni 1988, am Tage nach der Jubiläumsfeier des Schauspielhauses. Wir waren allein. Mehr Champagner als Frühstück. Es ist schön, daran zurückzudenken.

Fritz Dürrenmatt, mit dem man, wie er nach der Fernsehaufnahme forderte, nun »Pflümliwasser« zu trinken hatte, war ein hochmerkwürdiger, nie ganz geheurer Mensch, bei dem man auf der Hut zu sein hatte. Er hielt nicht viel von anderen Leuten und stellte gern Fallen. Doch auf seine Redlichkeit konnte man sich verlassen. Die ausgeklügelten Schurkereien seiner Stücke und Romane, die wohl in ihm steckten, hat er für sich entäußert mit Hilfe des Schriftstellers Friedrich Dürrenmatt. Das Buch »Zusammenhänge. Essay über Israel. Eine Konzeption« vom Jahre 1976 ist für mich so bewegend, weil hier ein redlicher Mann, ganz unbeeindruckt durch Gerede und Klischees, an die Grenzen der eigenen Schriftstellerei gelangt. Weil er vor einer Wirklichkeit stehen muß, die es bisher für ihn bloß als Thema gegeben hatte. Sein Thema jedoch war nun einmal stets Theologie. Vielleicht eine Theologie ohne Gott. Eine negative Theologie. Über den Teufel ließ sich reden. Darin erinnerte der späte Dürrenmatt immer wieder an den uralten Ernst Bloch.

Friedrich Dürrenmatt: das war für mich stets ein genialischer Autor, ein Meteor und Querdenker, Geld und Erfolg haben ihm wohl kaum etwas bedeutet. Er hielt sich selbst, wie er es einmal in einem Bericht über die jämmerliche Heimkehr des in Zürich gescheiterten jugendlichen Ausreißers mitgeteilt hat, für »krank und verwahrlost«. Das hat er, in einer beispiellosen Lebensarbeit, produktiv werden lassen.

Max Frisch: das ist ein Teil meiner eigenen Lebensgeschichte 1944 bis 1991. Da ist ein bürgerliches großes Wohnzimmer in Zürich. Kurz vor dem zu erwartenden Kriegsende dürfen wir Emigranten mit dem Geld der Eidgenossenschaft eine Flüchtlingszeitung herausgeben. »Über die Grenzen«, doch der im Jahre 1988 erfolgte Nachdruck unseres Blättchens (auch Stephan Hermlin gehörte zur »Redaktion«) zeigt mir, daß wir uns von Frisch keinen Beitrag erbaten. Vielleicht mit Rücksicht auf die Fremdenpolizei. Frisch hatte ich schon im Schauspielhaus getroffen, bei seinem Entdecker und Freund Kurt Hirschfeld. Der war übrigens auch mein eigener Entdecker, las als erster im Jahre 1939 mein gerade abgeschlossenes Buch über Georg Büchner, empfahl es dem Verleger Emil Oprecht für den Druck.

Nun hatte mich ein jüdischer Schweizer, der sich der Exilierten annahm, zu einem literarischen Vortrag in jenes Wohnzimmer eingeladen. Über Thomas Mann natürlich: mein zweites Buchthema nach dem Büchner. Max Frisch war gekommen. Die Veranstaltung muß ihm gefallen haben, denn im Nachkriegstagebuch kommt er darauf zu sprechen, ohne meinen Namen zu nennen, denn jetzt handelte es sich zwischen uns bereits um Polemik. Doch der Vortrag von 1944 wird gelten gelassen.

So begann eine lange Geschichte der Begegnungen, Verabredungen, Feste und Streitigkeiten. Bei welchen es immer jedoch um Meinungen ging, niemals um menschliche Enttäuschung. War das eine Freundschaft? Wohl kaum. Max Frisch als Freund? Sogar in seinem Abschiedsbrief nach dem Tode des anderen Dioskuren glaubt Frisch bloß an so etwas wie eine Freundschaft. Ingeborg Bachmann sagte einmal, mit der erstickten Stimme, als es noch die Gemein-

schaft gab mit dem Autor des »Stiller«: »Er kann Menschen immer weniger ertragen.«
Im Oktober 1945 fuhr ich zum erstenmal in abenteuerlicher Verkleidung in das besiegte Deutschland. Frisch wußte Bescheid. Wir standen gut miteinander. Mein Text über die Erzählung »Bin oder Die Reise nach Peking«, die ich natürlich pseudonym publizierte, muß ihn gefreut haben. Zur Uraufführung von »Nun singen sie wieder. Versuch eines Requiems« am 29. März 1945, dem ersten seiner Stücke, das Frisch auf der Bühne sah, war ich anwesend. Der Chor polnischer Gefangener kam aus einem von mir als Kulturobmann »betreuten« Arbeitslager.
Im Oktober 1947 trafen wir uns wieder in Berlin. Da hatten die vier Besatzungsmächte, von denen nur die Russen und Franzosen ernsthaft bei der Sache waren, einen Ersten Kongreß deutscher Schriftsteller nach Berlin einberufen. Der wurde ein Mißerfolg, war trotzdem wichtig. Frisch tauchte kurz auf: Kurt Hirschfeld war bei ihm. Hirschfeld, ein gebildeter Marxist, hatte sich innerlich von den stalinistischen Realitäten abgewandt: er wollte in Zürich bleiben. Frisch muß mich damals für einen fellow traveller der Kommunisten gehalten haben, was ich weitgehend auch war. Einer freilich, der Stalin haßte und fürchtete.
Damals schenkte mir Frisch die erste Fassung seines Nachkriegstagebuchs, das 1947 als »Tagebuch mit Marion« noch in einem schweizerischen Verlag erschienen war, mit »guten Wünschen für seine Arbeit in Deutschland«. Distanz war spürbar. Ich mußte mich damals für einen – hoffnungslos – häretischen Kommunisten halten: voller Vertrauen trotz allem in eine mögliche nachbürgerliche Gesellschaft. Frisch war stets ein demokratischer Sozialist voller Mißtrauen gegen alles ideologische Diktat.

Im August 1948 gab es eine heftige Kontroverse im Breslauer Rathaus: noch vor Beginn eines Kongresses der Intellektuellen zur Verteidigung der Kultur. Verteidigung wessen und wogegen? Sachlich hatte Frisch recht. Abweichende Möglichkeiten gedachte er nicht zuzulassen. Wir hatten einander nichts mehr zu sagen.
Allein der Autor Frisch blieb mir unentbehrlich, gerade in meiner Arbeit als Leipziger Literaturprofessor. Vermittelt hat dann vielleicht Ingeborg Bachmann. Wir hatten uns im Oktober 1957 bei einer Tagung kennengelernt. Die Verbindung hielt. Zuletzt sah man sich in Trastevere an einem festlichen Abend. Allein da mußte ich bereits die beiden Verbindungsstränge sorglich auseinanderhalten.
Vorher hatte es Lustiges gegeben im Frühjahr 1957. Eine sehr unvermutete Begegnung mit Frisch auf der Athener Akropolis. Ich steige hinab vom Hügel des Parthenon, Frisch steigt hinauf. Jeder brav mit seiner Reisegruppe. Jahre später kommt eine Ansichtskarte vom Parthenon. Frisch schrieb sie, Ingeborg hatte unterschrieben. Die Stelle unserer einstigen Begegnung war angekreuzt.
Zufälle auch sonst. Am Frankfurter Hauptbahnhof. Frisch war bei Brecht in Berlin gewesen, um eine Premiere zu sehen. »Meine teuerste Premiere, aber sie hat sich gelohnt.«
Zu meinem Siebzigsten hielt er in Frankfurt eine Rede, worin er nachdenklich darüber meditierte, was ein Schriftsteller einem anderen bei solcher Gelegenheit wünschen solle und könne. An seinem Siebzigsten im Mai 1981 hielt auch ich eine Geburtstagsrede über »Max Frisch in zeitlicher Folge«. Ort der Handlung: die Aula der Eidgenössischen Technischen Hochschule zu Zürich. Frisch saß vor mir, erwiderte aber nicht. Meine Rede war eigentlich eine Erläuterung unseres »gemeinsamen« Vorhabens: der sechsbändi-

gen Gesamtausgabe von 1976, die in der Tat chronologisch aufgebaut war. Da mußte viel Vorarbeit geleistet werden: ein guter Philologe stand bereit, um das historische und philologische Material zu sichten und auszubreiten. Frisch mußte in Berzona wie in Berlin davon überzeugt werden, daß auch frühe oder spätere Arbeiten von sich, die er negierte, im Gesamtwerk zu fungieren hätten.

Wie beiläufig hatte mich Frisch im Frankfurter Hotel gefragt, ob ich die Gesamtausgabe zum 65. Geburtstag (1976) verantworten wolle. Ich sagte beiläufig und kurz, daß es eine schöne Aufgabe sei: vorausgesetzt, er selbst mache mit.

So konnte schließlich auch noch ein siebenter Band im Jahre 1986 ediert werden: mit einem der bedeutendsten Texte dieses bedeutenden Autors. Die Reflexionen samt Zettelchen, die der alte Herr Geiser irgendwo oben im Tessin produzierte, um vor sich selbst Klarheit zu schaffen zwischen dem Ende eines Menschenlebens und einem Weltende. Wenn es Menschen erst seit dem Holozän gibt, liegt die Frage bereit: Wann es sie nicht mehr geben wird.

Dieser Baumeister und Zweifler hat sein eigenes Erleben stets für unfaßbar gehalten. Was man darüber dann niederschreibt, ist immer ein Spiel. In der eisigen Welt des Herrn Geiser ist es ein Endspiel. Warum nicht? Frisch ist nicht Geiser.

Man soll nicht vergessen, daß diese Dioskuren, der Zürcher und der Berner, zur Stelle waren um das Jahr 1950, als kaum ein deutscher Schreiber, ob Mitmacher oder Widerständler, Emigrant oder Stiller im Lande, imstande war, ohne falsche Wörter und Klänge auszukommen. Die ausgesparten Inhalte bei Günter Eich, die bewußt schlampigen Dialoge in Heinrich Bölls frühen Erzählungen waren gute Therapie.

Bessere Therapie noch bei den Dioskuren. Sie beschauten alles, die Deutschen wie sich selbst, von außen: nicht unterkühlt, doch auch nicht hoffnungsvoll. Sie selbst glaubten, der andere Dioskur sei sternenweit entfernt. Er war es nicht. Dürrenmatts letzte Rede auf Vaclav Havel oder seinen Bericht über den Turmbau zu Babel hätte sich auch der Herr Geiser an die Wand heften mögen.
Ein Meteor kommt nicht wieder, und auch ein scheinbar so gut periodisierbarer Autor der deutschen Erziehungs- und Warnliteratur bleibt schließlich unerwartet und unerwünscht.

Tübingen, im November 1991

Bibliothek Suhrkamp

Alphabetisches Verzeichnis